わかる！できる！

「社会人基礎力」講座

誰からも必要とされる人になるための12のスキル

高橋忠寛 著
株式会社 プラチナ・コンシェルジュ 監修

ビジネス教育出版社

は じ め に

　社会人として仕事をしていくうえで大切な能力とはどのようなものでしょうか？
　この本を手に取った皆さんは、人生のターニングポイントを間近に控え、大きな期待と不安が入り混じった複雑な気持ちでしょう。社会に出て仕事をしていくと、苦労をすることもたくさんあります。しかし、それ以上に充実した刺激的な生活が待っています。働くということは、他人や社会の役に立つことでもあります。

　本書では、経済産業省が2006年から提唱している「社会人基礎力」について、具体的な事例に基づいてクイズ形式で学んでいきます。
　この「社会人基礎力」は、企業が求めている能力を明確化したものであり、これからの長い社会人生活の中で間違いなく必要となるスキルです。そして、社会で活躍している人であれば誰しもが必ず持っている能力ともいえます。この中には、当たり前だと感じることがあるかもしれません。しかし、この当たり前のことをきちんと身につけることができれば、あなたは周囲の誰からも必要とされる人間になれます。

　1日でも早く「社会人基礎力」を身につけて、デキる社会人を目指しましょう！

高橋 忠寛

わかる！できる！「社会人基礎力」講座
～誰からも必要とされる人になるための12のスキル～

はじめに

第1章 社会で活躍するための意識と能力

- 第1節　社会人に必要な能力は？ ……………………………………………… 9
- 第2節　人間性・基本的な生活習慣 …………………………………………… 11
- 第3節　基礎学力 ………………………………………………………………… 13
- 第4節　専門知識 ………………………………………………………………… 14
- 第5節　基礎学力・専門知識を活かす力（社会人基礎力） ………………… 15

第2章 社会人基礎力とは

- 第1節　前に踏み出す力（アクション） ……………………………………… 19
- 第2節　考え抜く力（シンキング） …………………………………………… 20
- 第3節　チームで働く力（チームワーク） …………………………………… 22

第3章 前に踏み出す力（アクション）
～一歩前に踏み出し、失敗しても粘り強く取り組む力～

- 第1節　主体性 …………………………………………………………………… 26
  - 事例クイズ　あなたの主体性チェック ……………………………………… 26
  - まとめ　主体性を鍛える5つのポイント …………………………………… 29
- 第2節　働きかけ力 ……………………………………………………………… 30
  - 事例クイズ　あなたの働きかけ力チェック ………………………………… 30
  - まとめ　働きかけ力を鍛える5つのポイント ……………………………… 34
- 第3節　実行力 …………………………………………………………………… 35
  - 事例クイズ　あなたの実行力チェック ……………………………………… 35
  - まとめ　実行力を鍛える5つのポイント …………………………………… 38
- 第3章チャート ……………………………………………………………………… 39

第4章 考え抜く力（シンキング）
～疑問を持ち、考え抜く力～

- 第1節　課題発見力 ……………………………………………………………… 42
  - 事例クイズ　あなたの課題発見力チェック ………………………………… 42
  - まとめ　課題発見力を鍛える5つのポイント ……………………………… 46

CONTENTS

- 第❷節　計画力 …………………………………………………… 47
  - 事例クイズ　あなたの計画力チェック ………………………… 47
  - まとめ　計画力を鍛える５つのポイント ……………………… 51
  - コラム〈PDCAサイクル〉………………………………………… 51
- 第❸節　創造力 …………………………………………………… 53
  - 事例クイズ　あなたの創造力チェック ………………………… 53
  - まとめ　創造力を鍛える５つのポイント ……………………… 56
- 第4章チャート ……………………………………………………… 57

|第5章| チームで働く力（チームワーク）
　　　　　〜多様な人々とともに、目標に向けて協力する力〜

- 第❶節　発信力 …………………………………………………… 60
  - 事例クイズ　あなたの発信力チェック ………………………… 60
  - まとめ　発信力を鍛える５つのポイント ……………………… 63
- 第❷節　傾聴力 …………………………………………………… 64
  - 事例クイズ　あなたの傾聴力チェック ………………………… 64
  - まとめ　傾聴力を鍛える５つのポイント ……………………… 67
- 第❸節　柔軟性 …………………………………………………… 68
  - 事例クイズ　あなたの柔軟性チェック ………………………… 68
  - まとめ　柔軟性を鍛える５つのポイント ……………………… 70
- 第❹節　情況把握力 ……………………………………………… 71
  - 事例クイズ　あなたの情況把握力チェック …………………… 71
  - まとめ　情況把握力を鍛える５つのポイント ………………… 74
- 第❺節　規律性 …………………………………………………… 75
  - 事例クイズ　あなたの規律性チェック ………………………… 75
  - まとめ　規律性を鍛える５つのポイント ……………………… 77
- 第❻節　ストレスコントロール力 ……………………………… 78
  - 事例クイズ　あなたのストレスコントロール力チェック …… 78
  - まとめ　ストレスコントロール力を鍛える５つのポイント … 81
- 第5章チャート ……………………………………………………… 82

総合チャート〈第3章〜第5章のまとめ〉……………………………… 83

付録　ビジネスマナーの基本 ……………………………………… 84

第 1 章

社会で活躍するための意識と能力

「社会人基礎力」と聞いてみなさんはどんな能力を思い浮かべますか？

- コミュニケーション力
- 論理的思考力
- ビジネスマナー　　等々

思い浮かべた能力は、きっとどれも正解です。

そして、その能力はこれから仕事を進めていく上で、必要不可欠な能力です。

ただし、社会で活躍していくためには、「社会人基礎力」以前に、「**基礎学力（読み、書き、算数、基本ITスキル等）**」や「**専門知識（仕事に必要な知識や資格等）**」が備わっていることが重要です。

また、社会の中で生活していくには、「**人間性、基本的な生活習慣（思いやり、公共心、倫理観、基礎的なマナー、身の周りのことを自分でしっかりとやる等）**」を備えていなければなりません。これが基礎学力・社会人基礎力・専門知識を支え、あらゆる活動のための基盤となるからです。

能力の全体像

基礎学力・専門知識を活かす力（社会人基礎力）
（前に踏み出す力、考え抜く力、チームで働く力）

基礎学力
（読み、書き、算数、基本ITスキル 等）

専門知識
（仕事に必要な知識や資格 等）

人間性、基本的な生活習慣
（思いやり、公共心、倫理観、基礎的なマナー、身の周りのことを自分でしっかりとやる　等）

（経済産業省HP）

第1節 社会人に必要な能力は？

社会人として仕事をしていく上で必要となる能力とは何でしょうか？

- **コミュニケーション力？**
- **語学力？**
- **PCスキル？**
- **業界の専門知識？**
- **論理的思考力？**
- **ビジネスマナー？**

経済産業省が「大学生の『社会人観』の把握と『社会人基礎力』の認知度向上実証に関する調査」を行いましたが、企業と学生には大きなギャップがあることがわかりました。

学生側が"不足している"と認識している「語学力」「PCスキル」「業界の専門知識」「ビジネスマナー」については、企業側は"十分である"あるいは、"これから身につければよい"と考えています。

一方で、学生側が"十分できている"と認識している「粘り強さ」「チームワーク力」「主体性」「コミュニケーション力」については、企業側は"まだまだ足りない"と考えています。

この認識の違いはどこからくるのでしょうか。

学生は部活動やサークル活動、アルバイトなどの経験を通して、粘り強さやコミュニケーション力、チームワークの重要性を学んでいます。様々な立場の異なる意見を調整し、まとめあげた経験のある人もいるでしょう。そして、何かひとつの共通の目標に向かって皆で協力し合い、達成した経験のある人もたくさんいます。これらの経験は、成功体験としてもちろん貴重なものであり、その経験を通じて大きく成長したことでしょう。

しかし、企業側が求めているものは、**仕事で通用する「コミュニケーション力」「粘り強さ」「主体性」**であり、学生が考えているものよりも、もう一段高いレベルにあるということを認識しなければいけません。

| 第1章 | 社会で活躍するための意識と能力

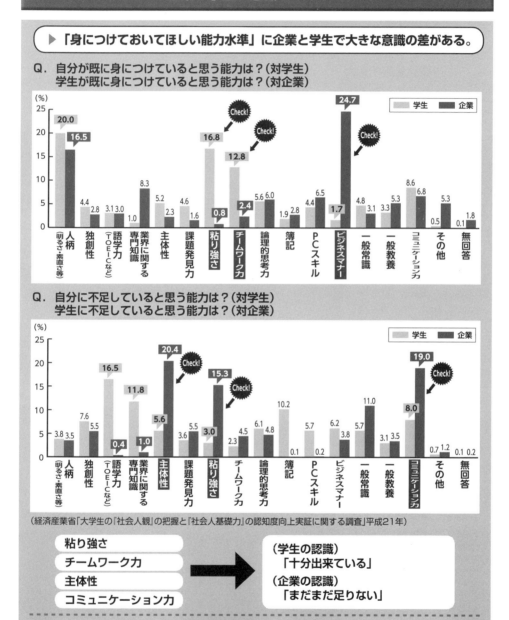

第2節　人間性・基本的な生活習慣

　社会の中で生活していく際に**あらゆる活動の基盤**となるものが、**人間性や基本的な生活習慣**です。「当たり前のこと」と片付ける前に、自分の行動と照らし合わせてもう一度考えてみてください。意外とできていないことがあるかもしれません。

＜きちんとした挨拶＞
　挨拶は先手必勝です。家族や友達に「おはよう」「いってきます」「おかえりなさい」等、自分から言っていますか？
　朝出社したら、"自分から""皆に聞こえるように""気持ちを込めて"、「おはようございます」と言っていますか？　挨拶はコミュニケーションの基本です。
　そして、もうひとつ大切なことは、その場面にふさわしい挨拶をすることです。魔法の言葉「すみません」を多用していませんか？

　⇒　上司に謝る時に一言、「すみません」
　　　　　　　○「申し訳ありません」
　⇒　落ちたペンを拾ってもらって一言、「すみません」
　　　　　　　○「ありがとうございます」
　⇒　取引先に何か依頼する際に一言、「すみませんが、○○をお願いできますか？」
　　　　　　　○「お手数をお掛けしますが（申し訳ありませんが）、……」

　「すみません」という言葉は、色々な場面で使える魔法の言葉です。しかし、だからこそ、発する前に少し考えてから正しい挨拶に言い換えることで、より丁寧になり、相手に好印象を与えることにつながります。

＜時間を守る＞
　約束した時間を守ることは、相手に安心感を与えます。しかし、どうしても約束の時間に遅れてしまうときは誰にでもあります。このときの行動や気持ちの持ち方で、その人に対する信頼感が大きく変わってきます。

- 遅れることが判明した時点で、いち早く、「どのくらいの時間遅れてしまうのか」伝えましょう。
- 待たせてしまったり、予定を変更させてしまった時には、誠心誠意、気持ちを込めて謝罪しましょう。

　また、遅れることを事前に伝えればよいだろう、という安易な考えを持っていませんか？　自分の都合で相手の予定を変更させてしまうことは、それだけで迷惑を掛けてしまっていることになります。

自分に対する厳しさと相手のことを思う気持ちがあれば、時間厳守は難しいことではありません。

＜周囲への思いやり＞
　良好な人間関係を続けていくために一番重要なことが「思いやり」です。相手のことを考えて発言したり行動することです。電車で座っていると、前にマタニティマークを付けた女性が立っていました。そのとき「よろしければお座りになりますか？」とたった一言声を掛けることも思いやりです。
　周囲の人への配慮を欠いて、自分さえ良ければいいという自己中心的な考えが少しでもあると、人の気持ちを動かすことはできません。反対に、他人に対して常に感謝する気持ちがあれば、自分だけでなく相手のことも考えるようになります。
　初対面であっても、気心が知れた仲であったとしても、「また会いたいな」と思わせる人は、共通して「思いやり」にあふれた人です。ビジネスにおいても、基本は人と人との関わり合いです。相手への思いやりが信頼関係の基盤になります。

第3節 基礎学力

基礎学力とは、「読み」「書き」「算数」「基本ITスキル」のことです。

これまで小中学校や高校で学んできた基本的な知識です。

現代社会では、パソコンを使って文章を書くことが多いため、漢字は読めても書けない、という社会人が多くなってきています。わからない漢字があれば、その場で携帯電話等を使って変換して調べることができる時代です。しかし、その場で解決できるので問題ないと考えてしまいがちですが、実際にそうでしょうか。同音異義語など、正しい漢字を使えていないケースもよく見受けられます。それに、自分の言いたいことを正確に短い言葉で表現するのは、意外に難しいことです。伝える力も基礎学力のひとつといえます。

また、算数ができないとエクセルの関数の式は組めません。

計算はパソコンがやってくれますが、その「式」を組むのは私たちです。答えを導くためのロジックがわかっていないと計算式が組めません。物事を考える論理的思考力もその基礎になるのは数学の考え方です。

以上のように、「読み」「書き」「算数」「基本ITスキル」が仕事をしていく上で、基礎的な力として必要であり、この基礎力のレベルによって仕事を進めるスピードも大きく変わってくるでしょう。

第4節 専門知識

仕事に必要な知識や資格等のことです。

業界、業種、仕事の内容によって必要な知識や資格も大きく変わってきます。大学や大学院で学んだ知識がそのまま仕事に活かせる業務もありますし、業務を通じて新たに学ぶことも多いでしょう。

社会人として働くことは、その分野においてスペシャリストになることです。

仕事を進めていく上で必要になる知識は、貪欲に勉強し、情報収集をするべきです。

まずは、社内のマニュアルからかもしれません。一般の新聞や業界新聞から知識を得ることもあるでしょう。顧客や取引先からの質問に対して、回答を調べることで、知識が深まることもあります。

そして、自身の仕事に関連する資格の勉強をすることで更に知識は深まります。資格取得はその分野においてどれくらいの知識を持っているかを示す目安にもなります。

また、自分の仕事にプライドを持つことが専門知識を深めていこうとするモチベーションにもなります。

第5節 基礎学力・専門知識を活かす力（社会人基礎力）

　学校で学んできた**基礎学力**と業務を通して身につける**専門知識を活かす力**が、**社会人基礎力**となります。
　社会人基礎力は、社会で活躍している人は必ず持っている力であり、会社の中だけでなく、どこでも役に立つスキルです。生きていくために必要な能力ともいえます。
　社会人基礎力を高いレベルで身につけている人間であれば、周囲の誰からも必要とされる存在になります。

第2章

社会人基礎力とは

経済産業省では、「職場や地域社会で多様な人々と仕事をしていくために必要な基礎的な力」を「社会人基礎力」と名付けて、「前に踏み出す力（アクション）」、「考え抜く力（シンキング）」、「チームで働く力（チームワーク）」の3つの能力と、それを構成するものとして12の能力要素を定義しています。

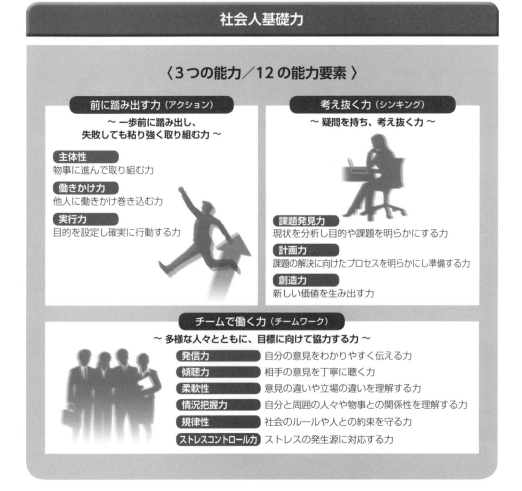

　社会人基礎力の12の能力要素を身につけ、その能力を伸ばしていくことによって、仕事が円滑に進み、結果にも繋がっていきます。それに伴って、周囲からの評価も高まり、社会人としての人生は豊かなものになるでしょう。

第1節 前に踏み出す力（アクション）
～ 一歩前に踏み出し、失敗しても粘り強く取り組む力 ～

前に踏み出す力は、**主体性・働きかけ力・実行力**という3つの能力要素から成ります。目標に向かって試行錯誤しながら、自ら踏み出そうと行動する力です。失敗しても他者と協力しながら、粘り強く取り組むことが求められます。

「……だから、難しい」とか、「……の点が問題だ」と考えて行動を止めてしまうのではなく、どうすればその課題を乗り越えられるのかを考え、それを実行することが大切です。

前に踏み出す力のない人ってどんな人？

- 自分から進んで動こうとしない人
- 自分の意見を持たず、常に他人任せの人
- 他人に働きかけることをしない人
- 自分一人で抱え込んでしまう人
- 失敗を恐れて行動しない人

社内のコンペで、プレゼンを任されることになったAさん。
しかし、普段から苦手と感じているDさん・Fさんと一緒に取り組むように上司から命じられました。今、内容を詰めているところですが、アピールするべき論点が少しずれている気がします。

こんな時に……
自分の意見を主張して反論されたら嫌だな。
この場を乗り切ればいいや、意見は言わずに2人に合わせておこう。
このように考えてしまうと、「前に踏み出す力のない人」になってしまいます。

社会人として働いていると、苦手だと思う人と仕事をしなければならないことはたくさんあります。むしろ、気が合う人と仕事ができることは少ないかもしれません。

しかし、共通の目的があれば、苦手な人とでも協力してこの課題を乗り越えよう、とお互いが思えるものです。前向きな姿勢を見せるためにも、自分の意見を言うことや積極的に周りを巻き込んでいく行動が大切です。

第2節 考え抜く力（シンキング）
～ 疑問を持ち、考え抜く力 ～

考え抜く力は、**課題発見力・計画力・創造力**という3つの能力要素から成ります。常に問題意識を持ち、既存の方法にかかわらず課題の解決に向けてのプロセスを納得いくまで考え抜くことが求められます。

顧客の視点や相手の立場に立って物事を考えることが重要になります。

考え抜く力のない人ってどんな人？

- 問題意識を持たない人
- 自分のことしか考えられない人
- 根本的な解決をいつも先送りにしてしまう人
- 解決に向けた計画を立てられない人
- 常に現状に満足していて、より良いものにしようという気持ちのない人

　　社内の駅伝大会を今年も開催することになり、今年はBさんが幹事役を任されました。先輩からは、代々続いているという実行マニュアルを受け取っています。

　こんな時に……
　代々続くマニュアルを、忠実に守った方がいいかな。
　少し変えた方がいい気もするけれど、色々と計画したり、関係者の調整をしなくてはならないのが面倒だな。
　このように考えてしまうと「考え抜く力のない人」になってしまいます。

代々続く、そのマニュアルは「今の会社の状況や社員の考え方」と合致しているのでしょうか。

　参加率を上げるためにはどのような工夫をしたらいいか、もっと効率的にできることがあるのではないか、など、現状を分析して課題を明らかにすることが重要です。そして、その課題の解決に向けたプロセスを明らかにし、準備する力が働いていく上ではとても大切になってきます。

第2章　第2節　考え抜く力（シンキング）

第3節 チームで働く力(チームワーク)
~ 様々な人々とともに、目標に向けて協力する力 ~

チームで働く力は、**発信力・傾聴力・柔軟性・情況把握力・規律性・ストレスコントロール力**の6つの能力要素から成ります。組織としての付加価値の創出や目標達成に向けて、多様な人と協働する力のことです。社会人になると、自分と考えの合わない人や苦手な人と一緒に仕事をすることも多くあります。そういった人々とも上手く付き合っていきながら、円滑なコミュニケーションを取り、目標に向け協力することが必要です。

チームで働く力のない人ってどんな人？

- 自分の意見を理解してもらう努力をしない人
- 他人の意見を聴こうとしない人
- 自分のやり方に固執して他人の情況を理解できない人
- 目の前のことばかり考え、全体を見ることのできない人
- 自分の役割を理解できていない人
- ルールや約束を守れない人

　Cさんは部を代表して経営企画会議に出席することになりました。
　会議には経費を管理する部署の人もいれば、目標設定を統括する部署の人も出席しています。Cさんの上司である部長は、「当部としての方針は決まっているが、例年よりも少し費用がかかりそうだ。この点がネックなんだよな。」と言っていました。

　こんな時に……
　部の方針だし、自分が否定されることじゃない、気にせずただ方針を伝えればいいや。
　費用がかかるといっても、目標を達成させるためには必要なことなのだから、それは仕方ない。
　このように考えてしまうと「チームで働く力のない人」になってしまいます。

どんな仕事も組織で行っています。

Cさんは部を代表して会議に出ています。まずは部というチームの代表であるわけですから、自分（部）の意見を皆にわかりやすく伝える必要があります。

そして、会社もひとつのチームです。会社には、経費管理の部署もあれば、目標設定を行っている部署もあります。費用はできるだけ抑えてほしい、目標が必達できるような施策を考えてほしいなど、それぞれの部署には立場があります。

仕事を円滑に進めていくには、相手の立場や情況に配慮して、コミュニケーションをとっていくことがとても大切になってきます。

第3章

前に踏み出す力（アクション）

～一歩前に踏み出し、失敗しても粘り強く取り組む力～

第1節 主体性

事例クイズ　あなたの主体性チェック

場面1

新人のXさんは、上司から指示されたその日の業務が定時までに予定どおり終わりました。しかし、同じ部署で働く1年先輩のYさんに急な仕事が殺到し、残業をしないと終わらないようで、とても大変そうです。新人のXさんはどう対応するべきでしょうか。

選択肢A：上司から指示されたその日の業務が終了したので、そのまま退社する。

選択肢B：新人ができる作業かわからないし、先輩の作業の妨げになってはいけないので、「お先に失礼します」と一声掛けて、そのまま退社する。

選択肢C：何か自分に手伝えることはないか、Yさんに積極的に声を掛ける。

場面2

新商品にキャッチコピーをつけることになりました。その案を、グループメンバー全員に一人3個考えるように指示が与えられました。

検討期限は明日ですが、新人のXさんはまだひとつもアイディアが思い浮かんでいません。どう対応すべきでしょうか。

選択肢A：思いつかなかったと正直に話し、謝罪する。
選択肢B：グループメンバーに相談して、一緒に協力して6個考える。
選択肢C：なんでもいいからとりあえず3個考えて出す。

場面3

これまでの対面販売中心の営業体制から、新しくインターネットでの販売をスタートさせるため、プロジェクトチームが発足することになりました。Xさんもそのプロジェクトのメンバー候補になっていますが、インターネットビジネスについては全く経験がありません。Xさんはどう対応をするべきでしょうか。

選択肢A：新しい分野への挑戦と考えて、とりあえず立候補してみる。
選択肢B：自信がないことを正直に上司に伝えて、メンバー候補から外してもらうように依頼する。
選択肢C：参加を前向きに検討しながら、インターネット販売について調査し、自分のこれまでの経験をインターネット販売に応用できないか考えてみる。

▶▶▶ 主体性とは何か

主体性とは、**自らの意思や判断で動くことのできる能力**をいいます。指示を待つのではなく、自ら「するべきこと」を見つけて、積極的に取り組む力のことです。

▶▶▶ なぜ主体性が必要なのか

職場では上司や先輩からの指示を待って行動するのではなく、自ら「するべきこと」を見つけて、積極的に仕事に取り組む姿勢が重要です。

主体性を身につけると、仕事に対する責任感が生まれ、周囲からの信頼も得ることができます。

「自ら進んで行動せず、他人から言われたことしかしない」ということでは、責任感がなく、受身で、他人任せであると受けとめられてしまいます。

▶▶▶ 主体性のある行動とは

＜常に自分がするべきことを考えている＞

仕事をするときに、すべて上司や先輩に指示されるのを待つ「待ちの姿勢」ばかり

では主体性があるとはいえません。「あなたが自ら何をするべきか考えること」が必要です。

　自分がするべきことは何かを考えるにあたって、**まずは取り組む仕事の目的や期待される成果を考えることが重要です。**仕事に対する当事者意識を持つことで積極的に仕事に取り組むことができるようになります。**「今の自分に何ができるか」を常に意識して、自発的に行動しましょう。**

＜プラス思考で物事を考えている＞

　「時間がないから無理だ」「教えてもらっていないからできない」などと、しない理由を探すよりも、**「どうすればできるのか」「どうすればもっと効率的にできるのか」と前向きに考えましょう。**様々な事柄に対して、積極的に意欲や関心を持ち、否定的な考え方をせずに、常にプラス思考で考えることで、周囲からの見方や印象も大きく変わります。

＜最後まで粘り強く成し遂げることができる＞

　仕事を最後まで成し遂げるには、現時点でのスキルを把握したり、業務における問題点を解決する能力も必要ですが、何よりも、**困難な事でも失敗を恐れずに自信を持って取り組むことが重要です。**

　ただし、期限までに間に合いそうにない場合や現在の自身の能力では限界であると感じた場合には、速やかに周囲の人間に相談しましょう。**粘り強く取り組んだ結果、他の人の協力が必要であると判断するのも主体性のある行動といえます。**

クイズの解答

場面1　　選択肢A：1点　選択肢B：2点　選択肢C：3点

　選択肢Aは、指示されたことだけすればよいという主体性のない行動です。選択肢Bは、自分にはできるかどうかわからないと考えて、新しいことにチャレンジするという前向きな姿勢がみられない消極的な行動です。

　選択肢Cのように、上司から指示をされなくても、自分にできることはないかと考え自ら積極的に行動するべきです。

場面2　選択肢A：1点　選択肢B：3点　選択肢C：2点

選択肢Aのように謝ればすむという問題ではありません。指示されたことすらできないのは社会人として失格です。選択肢Cのように指示されたとおりにするだけでは、主体性があるとはいえません。

選択肢Bのように、他の人の協力が必要だと判断するのも主体性のある行動といえます。積極的に仲間と協力することは、重複が避けられるという点でも評価できます。

場面3　選択肢A：2点　選択肢B：1点　選択肢C：3点

選択肢Aのような、積極的な行動は評価されますが、結果的には足手まといになってしまう可能性もあります。選択肢Bのように最初から後ろ向きな姿勢では、主体性のある行動とはいえません。

選択肢Cのように、メンバー候補になっている理由や自分にできることがないか検討することは、主体性のある行動といえます。

まとめ　主体性を鍛える❺つのポイント！

❶ 指示された業務が終了したら、退社する前に周囲の状況を確認し、自分にできることが何かあるか、声を掛けよう！

❷ 与えられている自分の役割を意識して、その目的を達成するためにできることを考え、言われる前に行動しよう！

❸ 経験したことがない困難な仕事であっても、これまでの経験の中で活かせることはないか考えよう！

❹ あらゆることに関心を持ち、常にプラス思考で取り組もう！

❺ 困難なことにも粘り強く取り組み、それでも自分だけで解決できない場合には周囲の人間に相談しよう！

第2節 働きかけ力

事例クイズ あなたの働きかけ力チェック

場面1

　新人のXさんは、キャンペーンチラシの送付を指示されており、今週末までに発送しなくてはなりません。ところが、今週中に作業を完了させることは不可能な見通しとなってしまいました。Xさんはどうするべきでしょうか。

選択肢A：今週末までには作業が終わらないことを正直に報告し、締切を延ばしてくれるように上司に働きかける。

選択肢B：残業をしてでも終わらせようと努力しながら、周囲の人間に作業が思うように進んでいないことを伝えていく。

選択肢C：どのくらい時間がかかりそうか見通しを立て、進捗状況を報告し、1年先輩のYさんにサポートを依頼したいと申し出る。

場面2

　Xさんは、ある取引先の担当業務を前任者より引き継ぎました。業務の効率化を図ろうと商品発送方法の改善案を策定しましたが、取引先担当者はその改善案で大丈夫なのかと不安を持たれているようです。Xさんはどうするべきでしょうか。

選択肢A：すぐに電話をかけ、「絶対に大丈夫です」と自信を持って説得する。

選択肢B：具体的な計画を示し、改善による効果を理解してもらえるまで、担当者に説明する。

選択肢C：担当者が不安に感じているポイントなど意見を聞き、お互いに納得できるまで話し合うようにする。

> **場面3**
>
> 　あるプロジェクトチームの中で、先輩のYさんだけ作業が進んでいないようです。取り組みにも積極性が見られない状況に対して、プロジェクトチームのリーダーであるXさんはどうするべきでしょうか。
>
> 選択肢A：全体の打ち合わせのときに、プロジェクト全体の遅れになると
> 　　　　　いって、Yさんを注意する。
> 選択肢B：Yさんに遅れている事情を確認した上で、みんなが頼りにして
> 　　　　　いると伝えて、やる気をもってもらう。
> 選択肢C：メンバーの差し替えを上司に相談する。

▶▶▶ 働きかけ力とは何か

　仕事は一人でできるものではありません。**働きかけ力**とは、**力を合わせ協力してもらうために、周囲の人間を上手に巻き込む能力**のことです。

▶▶▶ なぜ働きかけ力が必要なのか

　職場では、一人ひとりが責任を持って仕事に取り組むべきですが、個人では解決できないこともたくさんあります。そのようなときに周囲に働きかけたり、巻き込んだりすることができれば、一人では困難に思えたことでも様々なサポートにより乗り越えることができるようになります。

▶▶▶ 働きかけ力のある行動とは

＜独力でできないことは素直に助けを求める＞

　自分に欠けていると感じる知識や技術について、専門家や先輩に対して質問し教えてもらうことは大切です。自分自身のレベルアップのためにも**わからないことは積極的に声を掛けていきましょう**。また、**他部署や取引先など仕事の相手方に対して、協力をお願いすること**も仕事を前に進めていくためには必要です。

＜周囲の状況を見極めた上で効果的に巻き込むことができる＞

　声を掛けるタイミングなど**相手の状況を把握し、相手の立場を尊重することが重要**です。同じ働きかけであっても、相手の状況に配慮しているかどうかで相手の動き方は大きく変わってきます。協力をお願いする場合は、一方的に依頼をするよりは、**なぜ協力が必要なのか相手が納得できるように説明**することで、**相手の心を動かすことにも繋が**ります。

＜常に協力意識を持ちながら行動する＞

　困っている人がいたら助けたくなる気持ちは、誰もが持ち合わせています。しかし、仕事をしていると余裕がなくなり、相手の立場や状況まで考えることができなくなることもあります。

　助けを必要とする場面にいつ遭遇するかわかりません。**常に協力意識を持った行動を心掛けましょう。**

＜相手に感謝の気持ちを持つ＞

　常に仕事は相手がいます。他の多くの人のおかげで、自分も仕事ができるわけです。

　人は感謝されたり、褒められたりすると嬉しいものです。ほんの少しのことでも、お礼をいわれるとその人のために役に立ちたいという気持ちになります。**上司や先輩だけでなく、同僚や後輩、取引先など仕事でかかわるすべての人に対して、素直に感謝の気持ちを伝えて、よりよい人間関係を築きましょう。**

クイズの解答

場面1　選択肢A：1点　選択肢B：2点　選択肢C：3点

　選択肢Aについては、締切を延ばすことが可能かどうかわかりません。勝手に判断せずに、まずは締切を厳守するために何か方法がないか考えましょう。選択肢Bは、残業をしてでも期限までに仕事を終わらせようとする姿勢は評価できますが、他の人のサポートが必要であれば、きちんと支援を要請しましょう。選択肢Cのように、進捗状況を確認した上で、見通しも含めて報告することは大変良いことです。先輩に具体的に支援を要請することは、働きかけ力のある行動といえます。

場面2　選択肢A：1点　選択肢B：2点　選択肢C：3点

　選択肢Aのように自信を持って仕事をすることは大切ですが、一方的に説得するだけでは、相手の気持ちは動かせません。選択肢Cのように相手が不安に感じるポイントを聞き出し、お互いに意見を交換しながら、相手が納得するように話を進めることが大切です。

　選択肢Bのように改善案による効果を示すことは大切ですが、相手の状況を理解しようという姿勢が欠けていると、仕事を前に進めることはできません。

場面3　選択肢A：2点　選択肢B：3点　選択肢C：1点

　選択肢Aのように、全体の打ち合わせのときにYさんを注意するのは配慮が足りません。何か事情があるかもしれませんので、まずは選択肢Bのように、状況を確認しながら、意欲を持ってもらうようにしていくことが重要です。意欲を持ってもらうためには、「みんなが頼りにしている」というメッセージを伝えます。自分が頼りにしているというと、先輩のYさんに「偉そうに」と思われてしまうことがあります。選択肢Cのメンバーの差し替えは、最終手段です。Yさんに働きかけ、どうにもならないときに初めて検討しましょう。

働きかけ力を鍛える❺つのポイント！

❶ 意識的に周囲の状況や自分の置かれている立場を確認しよう！

❷ わからないことを教えてもらうときは、必ず相手の状況に配慮して質問しよう！

❸ 様々な立場の人に積極的に声を掛け、幅広い人脈作りを心掛けよう！

❹ 相手のために何ができるか考え、常に協力意識を持って行動しよう！

❺ 些細なことでも頻繁に感謝の気持ちを伝えて、より良い人間関係を築こう！

第3節 実行力

事例クイズ　あなたの実行力チェック

場面1

新人のXさんは、ショッピングモールでポイントカード会員の募集を行うことになりました。先輩のYさんに同行し、勧誘から受付手続きの流れを一通り学びましたが、Yさんは別の仕事でトラブルが発生し、オフィスへ一度戻ることになってしまいました。Yさんが戻るまでの1時間ほどの間、Xさんはどのように行動するべきでしょうか。

選択肢A：新人が一人でできることは限られているので、Yさんが戻るまで休憩して待っている。
選択肢B：とりあえず、Yさんが戻るまでの間一人で勧誘活動を行ってみる。
選択肢C：他の先輩の仕事の進め方を学ぼうと考えて、積極的にサポートを申し出る。

場面2

本日中に届けると約束していた見積書の作成を、Xさんはすっかり忘れていたことに気が付きました。もう夕方なので、本日中に届けることは不可能な状況です。Xさんはどうするべきでしょうか。

選択肢A：すぐに顧客へ電話をかけ謝罪し、今晩中に仕上げて明日の朝一番で届けると伝える。
選択肢B：すぐに見積書の作成に取り掛かり、夜遅くなっても顧客オフィスのポストに投函しておく。
選択肢C：顧客へ連絡を入れて、素直に謝罪し、相手の都合を聞いて、指定された日時に見積書を届けるようにする。

場面3

取引先と長年提携して進めてきたプロジェクトについて、先方より中止をしたいと一方的に申し出がありました。そのプロジェクトに会社を代表して参加していたXさんはどういった対応をとるべきでしょうか。

選択肢A：プロジェクトが中止になることを関係各部署にすぐに連絡して、中止のために必要な措置を確認する。
選択肢B：取引先からの一方的通知を受け、自社にとっての被害が最小限になるような方法を考えてすぐに撤収を始める。
選択肢C：まずは取引先の事情を確認する。せっかく途中まで進めてきたプロジェクトであり、中止を決めた要因を分析し、継続の可能性を探る。

▶▶▶ 実行力とは何か

実行力とは、**目的を設定して確実に行動する能力**のことです。単に行動するだけでなく、行き着くべきゴール（＝目的）があり、そこに向かって踏み出す力が本当の意味での実行力といえます。

▶▶▶ なぜ実行力が必要なのか

失敗を恐れてばかりで行動を起こさなければ、成長は止まってしまい、新しいものを生み出すこともできません。また、新しく一歩を踏み出したときにのみ得られる成功体験や達成感も味わうことができません。常に、妥協しない気持ちやチャレンジ精神を持ち、粘り強く取り組むことが重要です。

▶▶▶ 実行力のある行動とは

＜失敗を恐れずに目的に向かって、まずは一歩を踏み出す＞

行動を起こさなければ、もちろん失敗することもありません。ただし、それでは社会人として全く成長できません。「とにかくやってみよう！」という気持ちを強く持っ

て、**失敗を恐れずに行動しましょう**。仮に失敗したとしても、それもひとつの良い経験です。挑戦したからこそ得られることがたくさんあります。

＜目的を達成するために計画的に行動する＞

物事を実行に移すためには、事前準備が肝心です。闇雲に活動しても意味はありません。**目的を実現するための手順や方法を事前によく検討**し、**優先順位を考えて行動**しましょう。

＜困難なことに遭遇しても粘り強く取り組む＞

組織の目標達成のためには、強い意志を持ち、目標を見失うことなく、継続して行動する必要があります。仕事を進めていく上で、他人と意見が合わないときには、双方の合意のために歩み寄る必要はありますが、諦めたり遠慮せずに、**自分の信念があれば、それを伝えて納得してもらえるように努めましょう**。

クイズの解答

場面1　選択肢A：1点　選択肢B：3点　選択肢C：2点

選択肢Aのように何もしないで休憩して先輩の戻りを待っているようでは、全く成長できません。何ができるか自分で考え行動する必要があります。選択肢Bのように、ポイントカードの会員募集という目的のためにまずは一人で勧誘してみることが大切です。先輩の動きを見て学んだことを実践してみることで、更なる気付きが得られて成長に繋がるでしょう。選択肢Cのように、周囲の人のサポートを申し出ることも、自分自身のできることをしようという姿勢は評価できますが、新たなチャレンジをすることが必要です。

場面2　選択肢A：2点　選択肢B：1点　選択肢C：3点

選択肢Aは、素早い対応は評価できます。しかし、朝一番に届けるということを勝手に決めてはいけません。顧客がそれで良いというのであればいいですが、選択肢Cのように相手の意向を確認した上で、計画的に行動することが実行力のある対応といえます。

選択肢Bのような行動は、相手の状況を理解しようという姿勢が欠けている、といえます。まずは、すぐに謝罪しましょう。その上で、自らの失態に対してどう対応するか、実行力が試されます。

場面3　選択肢A：2点　選択肢B：1点　選択肢C：3点

　選択肢Aは、仕事上の関係者の状況に配慮した評価のできる対応といえますが、長年取り組んできた目的を簡単に諦めてはいけません。まずは選択肢Cのように、プロジェクト継続の可能性を探りながら、粘り強く取り組む必要があります。選択肢Bは、素早い対応という意味では実行力があります。しかし、プロジェクトが中止になったとしても、取引先とは今後も取引が続くかもしれませんので、自社のことだけを考えて行動していてはいけません。

まとめ　実行力を鍛える5つのポイント！

❶「まずはやってみよう」という前向きな気持ちを持って、動き出そう！

❷ 失敗も経験のひとつと考えることで、失敗を恐れずチャレンジしよう！

❸ 目標を達成するための手順や方法を計画的に考えて取り組もう！

❹「するべきこと」について、常に優先順位を考えて行動しよう！

❺ 目標達成のためには強い意志を持ち、粘り強く取り組もう！

第3章チャート
〈前に踏み出す力(アクション)〉

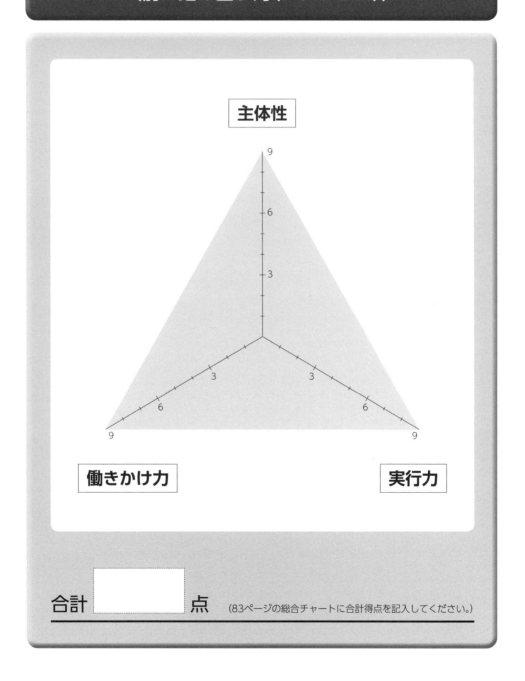

合計 □ 点　(83ページの総合チャートに合計得点を記入してください。)

第4章

考え抜く力（シンキング）

～疑問を持ち、考え抜く力～

第 1 節　課題発見力

事例クイズ　あなたの課題発見力チェック

場面 1

新人の X さんは、上司から、飲食業界の最近の動向について情報を集めておくように指示されました。X さんはどのような行動を取ればよいでしょうか。

選択肢 A：関連する書籍や新聞記事を探し、集めた情報を整理しておく。
選択肢 B：情報は多い方が良いと考え、インターネットや SNS を使ってできるだけ多くの情報を集める。
選択肢 C：インターネットや書籍等で集めた情報の元資料を取り寄せ、飲食業界に影響を与えそうな情報も同時に集めておく。

場面 2

X さんが開発に携わった新商品の売れ行きが芳しくありません。今後の課題を明らかにするために、X さんはどのような行動を取ればよいでしょうか。

選択肢 A：なるべく個人的な意見は出さずに、他の人の話をたくさん聞くことで課題を見つけようとする。
選択肢 B：できるだけ先入観を持たずに現状を分析し、明らかになった課題があればその部分を改善する。
選択肢 C：売れ行きが不調な要因について仮説を立てて検証し、現段階でするべきことや商品開発時の問題点を考える。

場面 3

　Xさんが担当するプロジェクトについて、上司から「現状分析が甘い」と指摘されてしまいました。指摘された内容について、どのように考え対応したらよいでしょうか。

選択肢A：現状分析に基づく課題が明確になっていなかったと考えて、異なる角度から現状を再度分析し検証していく。
選択肢B：現状分析のための時間をあまり確保できなかったと考えて、現状分析の報告書を作成し、より詳しく説明する。
選択肢C：担当するプロジェクトの目的や役割をもう一度確認し、その目的を達成するために課題となりそうなことを考え、その点を中心に現状を分析する。

課題発見力とは何か

　課題発見力とは、**現状を分析し、課題を明らかにする力**のことです。課題を発見するためには、目標が明確になっている必要があります。どのような状況を課題があると考えるのか判断基準が変わってしまうからです。目標を意識して現状を分析することで課題を発見することができるでしょう。

なぜ課題発見力が必要なのか

　職場では、上司や先輩の指示どおりに行動するだけでなく、業務全体の現状を客観的に分析し、問題意識を持って物事に取り組む姿勢が重要視されています。
課題発見力を身につけることで、広い視野で物事を捉え、周囲が納得する解決策を提案していくことができるようになります。

課題発見力のある行動とは

<情報を集め整理することにより、現状を正しく認識する>
　課題に対する原因を明らかにし、解決策を考えるためには、多くの情報が必要にな

ります。現状を正しく認識するための**客観的な数値データ**など、**直接必要でない情報もできるだけ集めておくように意識すること**が大切です。そして、集めた情報は、**後で活用しやすいように整理**しておきましょう。可能であれば、文書化しておくと、必要なときにすぐに取り出せ、報告や相談、提案をする際の材料としてそのまま使うこともできます。

<問題点を発見し、その原因を分析する>
　何もトラブルがなくても現状に満足せず、**常に「これで良いのか？　何か漏れていることはないのか？」と自問自答**しながら仕事をしましょう。問題が発覚する前に、疑問を感じたり違和感に気付き、改善することができれば、全体に影響を及ぼすような大きなトラブルを避けることができます。そして、**問題点に気付いた場合には、その対応策だけでなく原因を必ず分析**しましょう。一時的なその場しのぎの対応だけでは、いずれまた別の問題が発生し、同じことを繰り返して根本的な問題の解決にならない可能性があります。まずは、原因を探し、その原因を根本的に取り除くための解決策を考えていきましょう。原因分析をする際には、客観的なデータが必要です。個人的な勝手な思い込みではなく、できるだけ多くの情報を集め、いろいろな方法で分析することも大切です。

<仕事の目標を実現するために現段階で自分がするべきことをわかっている>
　業務の目的や仕事の目標を常にイメージして、その実現のために現段階で何をするべきか考え、クリアしなくてはならないことがあれば、それが課題となります。そして、その課題について深く掘り下げて自ら主体的に考えましょう。「誰かが課題の解決策を教えてくれるだろう」とか、「まだこのままで大丈夫だろう」と安易に決めつけ、先延ばしにしていてはいつまでたっても仕事が前に進みません。**課題やその解決策について、自ら深く考えることで課題発見力も養われます**。

クイズの解答

場面1　選択肢A：2点　選択肢B：1点　選択肢C：3点

　選択肢Aは、集めた情報を整理している点は評価できます。しかし、書籍や新聞はその原稿の書き手や編集者の意向が織り込まれている可能性もあります。選択肢Cのように、元の資料を確認し客観的で正確な情報を集める必要があります。また、指示されたことだけでなく、飲食業界に影響を与えそうな情報も集めておくことは意識の高い行動といえます。選択肢Bのように、情報は多く集めれば良いというものではありません。多すぎると収拾がつかないこともありますし、現代の情報社会では、情報の精度が非常に重要になってきます。

場面2　選択肢A：1点　選択肢B：2点　選択肢C：3点

　選択肢Aのように他の人の話を聞くことは大切ですが、自分の意見を言うことが重要です。自分の意見に対する他者の反応から課題がはっきりしてくることもあります。選択肢Bのとおり、先入観を持たずに現状を分析することは良いことですが、その時点で明らかになった課題だけを改善するのでは、今回の経験を今後の仕事に活かすことができません。選択肢Cのように、現段階でするべきことと合わせて商品開発当時の問題点を検証しておくことで、今回の経験を最大限、次の商品開発時に活かすことができます。

場面3　選択肢A：2点　選択肢B：1点　選択肢C：3点

　現状分析を行う目的は、課題や目標を明確にするためです。選択肢Aのように、上司から甘いと指摘された原因は課題が明確になっていなかった点にあると考え、異なる角度から再度分析することは評価される行動といえます。さらに、選択肢Cのように、プロジェクトのそもそもの目的や役割を意識した上で現状を検証していくことは、仕事の効率性といった観点でも評価されます。選択肢Bのように、さらに時間をかけて詳しく現状を分析すればよいとは限りません。現状分析をする目的をしっかり意識して行動する必要があります。

課題発見力を鍛える ❺ つのポイント！

❶ 新聞やニュースを毎日チェックして気になる記事をスクラップするなど、情報収集しながら情報を整理しておこう！

❷ 情報の精度を意識して、客観的で正確な情報を入手しよう！

❸ 当事者意識を持ち、少しでも改善できることがないか探してみよう！

❹ 問題点があれば、徹底的に原因を究明しよう！

❺ ひとつの仕事が完了したときには、次の仕事に活かすための反省点や問題点をまとめておこう！

第2節 計画力

事例クイズ あなたの計画力チェック

場面1

新人のXさんは、先輩と一緒に本日開催される商談会の準備を行っていましたが、上司から呼び出され別の作業を指示されました。Xさんはどのように行動するべきでしょうか。

選択肢A：先輩より上司の指示を常に優先すべきだと考えて、上司から指示された作業にすぐに取り掛かる。

選択肢B：「今はしている仕事があるので、対応できません」と伝えて上司の指示は断り、引き続き商談会の準備を進める。

選択肢C：商談会の準備をしている旨を上司に伝え、指示された作業はいつまでに終わらせればよいか確認する。

場面2

新人のXさんは、先輩のYさんあての電話を受けましたが、Yさんは外出中です。電話をかけてきたそのお客様はどうやらイライラしている様子です。どのように対応したらよいでしょうか。

選択肢A：「申し訳ありません。Yは外出中です。お名前と連絡先を教えて頂けませんか」と顧客の連絡先を確認し、Yさんあての伝言メモに書いておく。

選択肢B：「Yは外出中なので、要件があればまた連絡ください」とお客様に伝える。

選択肢C：「Yは外出中です。差し支えなければ、代わりに要件を伺います」と申し出る。Yさんにはすぐに連絡を取り、状況を報告し対応方法について指示を仰ぐ。

場面 3

　Xさんは上司のYさんから、シニア世代の消費動向について分析し新しい企画を提案するように指示を受けました。Yさんからは進捗状況も定期的に報告するようにいわれましたが、Xさんはどういったタイミングで報告するのがよいでしょうか。

選択肢A：トラブル発生などによって予定よりも企画提出が遅れそうになったときには必ず報告する。
選択肢B：上司も忙しそうにしていたので、企画提出時にまとめて分析内容や経緯を報告する。
選択肢C：消費動向の分析が終わったときなど区切りのタイミングで定期的に報告する。

計画力とは何か

　計画力とは、**課題の解決に向けたプロセスを明らかにし準備する力**のことです。

　計画は課題を解決するために立てるのであり、まずは課題を明らかにしておく必要があります。その課題に対して、いつから、何をどのように進め、どうやって解決するのか道筋をつけます。

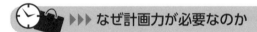
なぜ計画力が必要なのか

　職場では、複数の仕事が平行して進んでいきます。そして、仕事には必ず期限があります。事前に計画を立て、優先順位を常に判断しながら、仕事に取り組む姿勢が重要です。

　できるだけ効率的に速いスピードで仕事を進めていくためにも計画力が必要です。

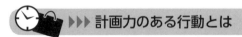
計画力のある行動とは

＜常にするべきことをリストアップし優先順位をつける＞

　複数の仕事を同時進行していくためには、するべきことを洗い出し、その上で方法

や手順を考える必要があります。するべきことを一覧に書き出したTo Doリストを作り、するべきこと、期限、進捗状況を書いておけば、今すぐにするべきことは何なのか、まとめて作業できることがないのか、など判断がしやすくなります。

優先順位を意識せずに、指示されたとおりに取り組んでいると、仕事の期限が重なり、期日が守れなくなったり、完成度が低くなったりするおそれがあります。一般的には、緊急性や重要性の高い仕事

を優先させますが、他にも難易度や実現性などを考慮しなくてはならないこともあります。

上司から複数の仕事を同時に指示され優先順位を自分自身で判断できない場合には、素直に「どちらの仕事を先に進めた方がいいでしょうか？」などと確認してから取り組むようにしましょう。

＜想定外の事態が発生しても、柔軟に対応することができる＞

仕事は当初の計画どおりに進むとは限りません。想定外の緊急の仕事が発生し、対応に追われることもあります。計画どおりに進めてきたつもりでも、少しずつ計画とのズレが発生していることがあります。**計画とのズレにいち早く気付き、問題の原因を確認し、対応策も同時に考える必要があります**。そのためにも、常に各作業にかかる時間をイメージしながら、早め早めに準備をしていきましょう。

＜定期的に記録を残し、状況に応じて報告・連絡・相談をする＞

仕事を進めるときは、**実施した内容などを記録に残しておくこと**が大切です。進捗状況や要した時間をメモや文章で残しておくと、当初の計画について検証も可能です。また、次回以降の計画を作成する際の参考にもなりますし、上司などに報告をする際にも役立ちます。社会人にとって仕事を進めていく上で**「報告」「連絡」「相談」は不可欠**であり、それぞれ1文字をとって**「ホウ・レン・ソウ」**ともいわれます。仕事は組織で進めるものであり、指示をした上司や先輩は進捗状況を把握する必要があります。状況に応じた適切な判断を下すためにも、部下からの報告・連絡・相談は非常に重要です。

クイズの解答

場面1 選択肢A：2点　選択肢B：1点　選択肢C：3点

　選択肢Aについては、立場が上の人の指示を常に優先すればよいとは限りません。上司もすべての部下の仕事や作業の状況を把握できているわけではありませんので、選択肢Cのようにまずは現在の仕事の状況を説明し、指示された作業の期限を確認しましょう。優先順位を常に考えて行動する必要があります。もし優先順位を自分で判断できなければ、現状を説明して指示を仰ぎましょう。選択肢Bのように、上司から指示された仕事を一方的に拒否することは論外です。

場面2 選択肢A：2点　選択肢B：1点　選択肢C：3点

　イライラした様子のお客様から電話ですから、クレームやトラブルが発生している可能性があります。しっかりと状況を把握して、優先順位を意識した行動を取る必要があります。選択肢Aのような対応では、通常時の対応と変わりません。選択肢Cのように、課題を解決するために必要なことを整理して、今するべきことを優先して行動しましょう。選択肢Bの対応は、お客様に対しての対応とはいえません。

場面3 選択肢A：2点　選択肢B：1点　選択肢C：3点

　選択肢Aのように、トラブル発生時や予定より仕事が遅れてしまいそうなときは、早めに報告・相談しましょう。そして、仕事が順調に進んでいたとしても、選択肢Cのように定期的に報告をすることが大切です。仕事を指示した上司のタイプにもよりますが、通常は指示した仕事の進捗状況は気になるものです。それに、Xさんが順調に進んでいると考えていたとしても、上司のYさんからしてみると、順調とはいえないかもしれません。終業時や作業の区切りの良いタイミングで定期的に報告をしましょう。

　選択肢Bのように、たとえ上司が忙しそうにしていたとしても、企画提出時にまとめて報告するのではなく、定期的に状況を報告しながら仕事を進めていく必要があります。

まとめ 計画力を鍛える ❺つのポイント！

❶ すぐに作業に取り掛かる前に、To Doリストを作成しよう！
❷ 優先順位を決めて業務に取り組もう！
❸ 無理な計画は立てず、早め早めに仕事の準備をしよう！
❹ メモをこまめに取り、記録を残そう！
❺ 状況に応じて適切な報告・連絡・相談をしよう！

コラム〈PDCA サイクル〉

仕事を進めていく上で有効なプロセスのひとつとして「PDCA サイクル」という考え方があります。

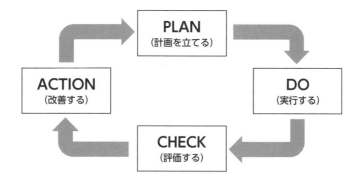

PDCA の流れ

【PLAN】
　その仕事を行う目的とゴール（目的が達成された状態）をイメージします。
　次に、実行する方法とスケジュールを具体的に計画します。

第4章　考え抜く力（シンキング）
第2節　計画力

【DO】
　計画に沿って実行します。
　目的とズレていないか常にチェックしながら進めましょう。

【CHECK】
　設定したゴールは正しいのか、目的は何だったか、もう一度確認します。
　計画に沿って実行できているか評価し測定します。

【ACTION】
　計画に沿って実行できていない場合、原因を調べて最初の計画を修正します。
　良かった点や改善点を整理して、具体的な解決策を新たな計画に織り込みます。

　PDCAは1回転させて終わりではなく、何度も繰り返してスパイラル状に循環させながら、継続的に改善を行うものです。
　仕事のできる人は、格段に優れた能力を持っていたり、何か特別な方法を知っていたりするわけではありません。当たり前のことを当たり前に実行し続けているのです。このPDCAサイクルを愚直に、かつ早いスピードで回しているのです。
　PDCAサイクルを正しく早く回せば、あなたの仕事のパフォーマンスは飛躍的に高まるでしょう。

　新人のうちはどのように仕事を進めていいか悩むかもしれません。その場合には、次のようにシンプルに考えると良いでしょう。

- PLAN　　＝"頭で考える"
- DO　　　＝"身体を動かす""やってみる"
- CHECK　＝"上司や先輩に見てもらう"
- ACTION　＝"修正する"

第3節 創造力

事例クイズ　あなたの創造力チェック

場面1

新人のXさんは新しいサービスについて企画を考えておくようにいわれました。どのように行動するべきでしょうか。

選択肢A：何か画期的なアイディアが思い浮かぶのをひたすら待つ。
選択肢B：まずは現在あるサービスを調査し、不足するサービスや既存のサービスを応用して何か生み出せないか考える。
選択肢C：情報収集をしながら、多くの人に何かアイディアがないか聞いてみる。

場面2

Xさんは1ヵ月後の企画会議で新しい提案を行うことになりました。以前から考えていた提案があったので、これを機会に発表しようと思います。どのように準備を進めていくべきでしょうか。

選択肢A：提案に対する質問を予想し、その回答を準備しておく。
選択肢B：密かに考えていた提案であり、事前に情報が漏れるとまずいので、誰にも話をせずに一人で準備を進める。
選択肢C：提案内容について他の人に話して意見をもらい、アイディアをブラッシュアップする。

場面3

　Xさんは、現在のサービスの問題点を解決する方法を考えています。様々な解決策がありそうですが、最善策を見つけるためには、どのように進めていくのがよいでしょうか。

選択肢A：思いついた解決策の中には実現性の低いものもあるため、アイディアを絞ってから検討を進める。
選択肢B：これまでの常識にとらわれず、思いついた解決策をとりあえずすべて書き出してみて、幅広く検討する。
選択肢C：同じような事例を探し、一番簡単な方法を探す。

▶▶▶ 創造力とは何か

　創造力とは、**新しい価値を生み出す力**のことです。課題に対して、既存の方法や常識にとらわれず、自分なりに考えて新しい解決方法を生み出す力が創造力といえます。

▶▶▶ なぜ創造力が必要なのか

　仕事では、限られた時間や人、予算のなかで継続的に成果を上げていくことが求められます。そのために、課題に対していつも同じ方法で取り組むだけでは組織としての発展や個人として成長がありません。成長していくためにも新しい価値を生み出し続ける必要があります。現状に満足するのではなく、常に新しい方法を模索することが重要です。

▶▶▶ 創造力のある行動とは

＜アイディアを組み合わせ新しいものを作り出す＞
　既存の知識やノウハウをたくさん集め、それらの**組み合わせを考えて試行錯誤して**いくことで、新しい画期的なアイディアを生む可能性があります。**従来のアイディアを別の角度から考える**だけでも、新しいアイディアが生まれてくるかもしれません。

<現状をより良くすることを常に考えている>
　創造力とは、新しい商品やデザインなど物を新たに作り出すだけではありません。日常の業務において**新しい発想を取り入れ、業務を効率良く改善するのも創造力のひとつ**といえます。定型的な事務作業であっても、何かもっと効率的で良い方法はないかと常に意識することが大切です。

　仕事に主体的に取り組み、絶えず問題意識と当事者意識を持っていると、自然と新しいアイディアが浮かんでくるものです。

<マニュアルや従来の進め方にとらわれない>
　社会や仕事の環境は常に変化しています。前例があれば当然参考にする必要はありますが、**自分で考える意識を持つこと**が大切です。そして、自分で何かアイディアが思いついた場合には、**周囲の人に意見を聞いてみること**も重要です。他人の意見や反応から刺激を受けることで、自分もまた新しい発想を得ることがあります。

クイズの解答

場面1　選択肢A：1点　選択肢B：3点　選択肢C：2点

　選択肢Aのように何もしないでただ漠然と思いつきやひらめきに期待しても、思い浮かぶものではありません。新人で知識がないXさんは、まずは選択肢Bのように既存のサービスについて情報を収集し、それらを組み合わせて新しいものが作り出せないか考えましょう。こういった試行錯誤の積み重ねが画期的なアイディアを生み出すことに繋がります。選択肢Cのように、まず情報収集をする点は大切ですが、他の人に聞くだけでなく自分自身で問題意識を持って主体的に考えないと成長はありません。

場面2　選択肢A：2点　選択肢B：1点　選択肢C：3点

　選択肢Aのように、質問を予想して回答を準備することは必要です。しかし、発表まで1ヵ月あるのであれば、提案内容の裏付けを取るなど、説得力のある提案内容にする準備を進めましょう。いずれは公表されるアイディアであり、選択肢Bのように秘密にする必要はありません。選択肢Cのように、提案を固める前に人の意見を聞いておくことは大切です。人の意見を聞くことで、新しいアイディアや視点に気付く可能性もあります。

場面3 選択肢A：2点　選択肢B：3点　選択肢C：1点

　選択肢Aのように早い段階で選択肢を絞り込むよりは、最適な解決策を見つけるためには、選択肢Bのように幅広く検討しましょう。選択肢Cの簡単な方法が最善策とは限りません。前例があれば参考にはなりますが、そのまま活かせるとは考えない方がよいでしょう。

まとめ　創造力を鍛える5つのポイント！

❶ 従来の常識や発想にとらわれず、自由に考えよう！

❷ 現状に満足せず、常により良くするための工夫をしよう！

❸ 何事も当事者意識を持ち、自分の頭で考えよう！

❹ 思いついたアイディアは周囲の人に説明して意見を聞こう！

❺ 行き詰まったら角度を変えて考えよう！

第4章チャート
〈考え抜く力(シンキング)〉

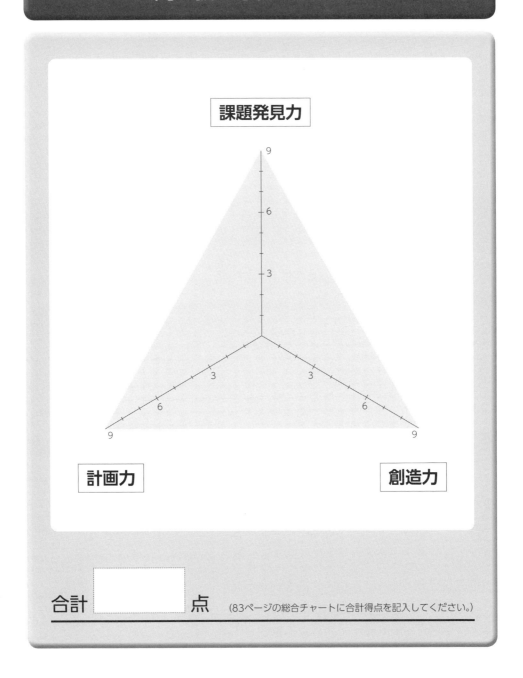

合計 　　　　 点　(83ページの総合チャートに合計得点を記入してください。)

第5章

チームで働く力
（チームワーク）

～多様な人々とともに、目標に向けて協力する力～

第 1 節 発信力

事例クイズ　あなたの発信力チェック

場面1

　Xさんは顧客企業向けのプレゼンテーションを行うことになりました。新システムを導入するべきであるという結論に導けるように、コスト削減効果を強くアピールしようと考えています。
　Xさんはプレゼンテーションのどのタイミングで新システム導入について述べるのがよいでしょうか。

選択肢A：現在のシステムの状況や課題点について、図表などを使って事細かに説明してから、最後に新システムについて紹介する。
選択肢B：最初に新システム導入によるコスト削減効果を説明する。その後、現在のシステムとの違いや機能性を説明し、最後にもう一度、まとめとして新システム導入による効果を話す。
選択肢C：印象付けることが大切であると考えて、話が一区切りするたびに新システムの機能やコスト削減効果を何度もアピールする。

> **場面 2**
>
> 　Ｘさんは非常にお世話になっている取引先の社長より、「店舗 A の良くないところを教えてほしい」といわれました。気になる点は確かにあるのですが、どのように伝えるべきでしょうか。
>
> 選択肢 A：自分自身の意見を聞かれているのだから、その場で気になっていたことを素直に伝える。
> 選択肢 B：お世話になっている社長の気分を害してはいけないと考えて、「良くないところなんてありません」とお世辞をいい、相手を安心させる。
> 選択肢 C：「自分がお客様であれば、×××が気になると思います」と一般論にして伝える。

▶▶▶ 発信力とは何か

　発信力とは、**自分の意見をわかりやすく伝える力**のことです。考えていることをわかりやすく整理して、相手に理解してもらえるように伝える技術が発信力です。

▶▶▶ なぜ発信力が必要なのか

　職場では、上司や先輩の指示どおりに行動するだけでなく、自分の意見を持ち、相手に理解してもらえるようにそれを伝えることが重要です。社内だけでなく社外の関係者への連絡事項の伝達など、様々な場面で発信力が要求されます。
　自分の意見や情報を正確に、わかりやすく相手に伝える技術を身につけることで、仕事を円滑に進行でき、周囲からの信頼を得ることもできます。

▶▶▶ 発信力のある行動とは

＜要点を論理的にコンパクトにまとめることができる＞
　話をする前に、内容についてメモを作るなど**ポイントを整理して、効率良く伝えま しょう**。要点が整理されていないと、話を聞く相手にとっても何が言いたいのかわか

らずイライラさせてしまうかもしれません。文章だけでなく、図としてイメージを書き出すことで、自分の考えが整理できることもあります。また、**自分が最も主張したいことや結論を最初に話すことで、相手にわかりやすく伝えることができます。**

＜相手の状況を考えてタイミング良く伝えることができる＞
　聴き手の立場や状況を考え、**何を知りたがっているのかを考えて情報発信する**ことも大切です。相手の期待に応えることを意識して話をすることで、仕事が効率的に進められます。そして、表現方法についても**相手がどう受け止めるかを考えた上で言葉を選択**します。思いついたことをすぐに口に出すのではなく、ひと呼吸おいて考えてから言葉を発するとよいでしょう。
　相手についてよくわからない場合には、**反応をみたり質問を投げかけることで、伝えたい内容が正しく伝わっているか確認**しながら話をします。
　話すスピードについては、相手の話すペースをみながら、それに合わせることが大切です。早口で話をしてしまうと、一方的で追い立てられる印象があり、聞き取れないこともあります。逆にゆっくり話しすぎると、相手をイライラさせる可能性があります。

＜できるだけシンプルで平易な表現を使う＞
　わかりやすく伝えるためには、できるだけ簡単な言葉やシンプルな文章を使う必要があります。自分自身が詳しい分野については、どうしても専門用語や略語を使ってしまいがちです。**相手の知らない内容について補足説明をせずに、専門用語を使って話をしないように注意**します。特に社外の人に情報を発信するときには、自社の社員しか知らない専門用語や業界用語は避けて、一般的で誰でもわかる言葉を選びましょう。

クイズの解答

場面1　選択肢A：2点　選択肢B：3点　選択肢C：1点

　選択肢Aは、図表などを使って現状や課題について説明することは必要ですが、話の聞き手が最後まで熱心に話を聞いてくれるとは限りません。話の方向性や結論が想像できないと、集中力の維持が難しくなります。選択肢Bのように、話の最初に最もアピールしたいことを伝えて、相手の興味を引きつけ、最後に結論を「まとめ」として繰り返すと、相手の印象にも残り、決断を促すことにも繋がります。選択肢Cのように何度もアピールすると、「しつこく宣伝して、売り込んでいる」という印象が強くなり逆効果です。プレゼンテーションの際は、話の組み立てをよく考えましょう。

場面2　選択肢A：2点　選択肢B：1点　選択肢C：3点

　選択肢Aは、相手の要求どおりのことをしているのですから、悪くはありません。しかし、本人が要求したことであっても、欠点をズバッと指摘されると面白くないと感じる人も多いものです。選択肢Cのように、自分の視点ではなく、お客様の視点に立って一般論として指摘することで、相手の心理的抵抗を軽減することができます。

　選択肢Bのようにお世辞を言ってもあまり意味はありません。それよりも、取引先社長の期待に応えることが信頼関係の形成に繋がります。

まとめ　発信力を鍛える5つのポイント！

❶ 言いたいことがあるときはメモを作り、考えを整理しよう！
❷ 話をするときは結論や結果を先に伝えよう！
❸ わかりやすい言葉とシンプルな表現で話をしよう！
❹ 相手の立場や状況に配慮して伝えよう！
❺ 相手の理解状況など反応を確認しよう！

第 ❷ 節　傾聴力

事例クイズ　あなたの傾聴力チェック

場面1

Xさんは、取引先の社長から、自社に対する要望を聞き出したいと考えています。Xさんは、話を聞くときにどのようにするべきでしょうか。

選択肢A：真剣さが伝わるように、きちんと目を見てじっと黙って社長の話を聞く。
選択肢B：社長の話に相づちを打ちながら、メモを取るようにする。
選択肢C：疑問に思ったことをその都度どんどん質問する。

場面2

自動車の生産工場で正社員として働くXさんは、生産効率の改善プロジェクトの責任者に任命されました。工場には、正社員・契約社員・派遣社員・パートアルバイトなど、様々な立場の人が働いています。どの範囲まで意見を聞くのがよいでしょうか。

選択肢A：最終的には正社員がプロジェクトを推進することになるので、正社員のみに意見を求める。
選択肢B：パートアルバイトのスタッフは効率性に対する意識も低く、特に意見は出ないだろうと考えて、パートアルバイトを除く他の正社員・契約社員・派遣社員に意見を聞く。
選択肢C：工場に勤務する人であれば誰でも広く意見を聞かせてもらう。

▶▶▶ 傾聴力とは何か

傾聴力とは、**相手の意見を丁寧に聴く力**のことです。「聴く」という言葉は、単純に音が聞こえるだけでなく、注意して聞き取るというときに使います。相手が話しやすい環境を整えて、相手の意見を引き出す力を傾聴力といいます。

 ▶▶▶ なぜ傾聴力が必要なのか

職場では、「話す」ことと同様に「聴く」ことがとても重要です。相手を理解するためには、聴くことが必要不可欠です。効果的に情報を伝えるためにも、まずは相手のニーズを把握する必要があります。効率的に仕事を進めていく前提となるのは、相手が伝えようとしている事を正確に理解することです。そのために、聴く技術を身につけることが大切です。

 ▶▶▶ 傾聴力のある行動とは

<先入観を持たずに、素直に相手の言うことを聴く>
　社会人として仕事を進めていくと、同じような業務や作業に携わることも増えてきます。「多分この話だろう」とか「こうなるに違いない」といった思い込みから、相手の話についてわかったような気になって、最後まで集中して話を聞かない人がいます。仮に以前と同じ話であっても、前回とは異なるポイントが理解できるかもしれません。**最後まで何か新しく学ぶべきことがないだろうかという姿勢を持ちましょう。**

<相づちやタイミングのよい質問で相手が話しやすい環境を整える>
　ただ黙って無表情で話を聞いているだけでは、話し手は「興味がないのだろうか」「話を理解しているのだろうか」と不安に感じてしまいます。話を聴いていることを伝えるためにも、**相づちを打ったり、頷いたりして反応を示しましょう**。たとえ自分の考え方と違う場合であっても、**聴く姿勢を持っていったん受けとめる**ことで、相手は共感してもらえたことに満足感を得ることができます。
　意見や質問がある場合には、いったん受けとめてから、相手の話のリズムが狂わないようなタイミングで行うとよいでしょう。

＜メモを取りながら正確に理解する＞

　仕事の指示を受けるときや打ち合わせをするときには**必ずメモを取るようにしましょう**。上司から呼ばれたときに何も持たずに手ぶらで行くようでは、社会人として失格です。耳で聞いただけでは、その場では内容を理解できたつもりでいても、時間が経つにつれて忘れてしまうことはよくあります。その時にまた改めて同じことを質問していると、仕事のスピードが遅くなるばかりでなく、周囲に迷惑を掛けてしまうことになります。**聴いていてわからないことは、そのままにせずきちんと確認をしながら進めていきましょう。**

クイズの解答

場面1　選択肢A：2点　選択肢B：3点　選択肢C：1点

　選択肢Aのように、真剣に話を聞くことはもちろん大切です。しかし、何も反応がないと社長もきちんと伝わっているのか不安になります。また、相手の目をずっと見つめるのは、挑戦的な態度と受けとめる人もいます。選択肢Bのように、頷いたり相づちを打ちながら、大事な部分はメモを取ることで、Xさんの真摯に取り組む姿勢が伝わり、社長の本音を引き出すことができるようになります。こういった情報収集により、さらに仕事が円滑に進むようになるかもしれません。選択肢Cのように、疑問に思うことがあるたびに尋ねていては、社長の話を遮ってしまうことになります。メモを取りながら、話が一段落したところでまとめて聞くようにしましょう。

場面2　選択肢A：1点　選択肢B：2点　選択肢C：3点

　選択肢Aのように、正社員として働いている人にしか意見を聞かないのでは、思い切ったアイディアはなかなか出てきません。また、選択肢Bのように、「パートアルバイトのスタッフは効率性に対する意識も低く、意見は出ないだろう」、と決めつけるのは早計です。選択肢Cのように、先入観を持たずにできるだけ多くの人の意見を聴くようにしましょう。視点が変われば、正社員だけでは思い浮かばないようなアイディアが出るかもしれません。

まとめ 傾聴力を鍛える❺つのポイント❕

❶ 適切な相づちを打ちながら、話を聴こう！
❷ 相手の言うことをまずは肯定的に受けとめよう！
❸ 仕事の指示を受けるときは必ずメモを用意しよう！
❹ 相手の話を遮らないようにしよう！
❺ 重要なことは復唱し、理解したことを伝えよう！

第3節 柔軟性

事例クイズ　あなたの柔軟性チェック

場面1

商品開発会議において、Xさんは自信満々で自分の意見を述べましたが、ほとんどの人に否定されてしまいました。今後、Xさんはどう対応するべきでしょうか。

選択肢A：自分の考えを認めてもらえない状況では会議に参加する意味がないと考えて、次回からは参加しない。
選択肢B：「皆さんの意見を受けて考えを変えました」と伝えて、納得はしていなくても、とりあえず周りの考えに合わせておく。
選択肢C：なぜ自分の意見が否定されたのかを確認し、それが納得できるものであれば、自分の意見を軌道修正する。

場面2

Xさんが提出した報告書について、上司は内容を確認し、疑問点を記載した付箋を付けて修正を指示しました。Xさんはどのように対応するべきでしょうか。

選択肢A：上司の疑問に回答するため、報告書は修正せずに直接説明しに行く。
選択肢B：上司が付箋を付けた箇所は、全部修正して再度提出する。
選択肢C：上司の疑問点を検証し、必要な部分は即座に修正する。直接説明する必要がある部分については、記載の意図を伝えに行く。

柔軟性とは何か

柔軟性とは、**意見の違いや立場の違いを理解する力**のことです。自分の意見に固執せずに、異なる意見や立場を受け入れようとする姿勢のことをいいます。

なぜ柔軟性が必要なのか

仕事では、様々な立場の人が協力しながら仕事を進めていくため、お互いの意見や立場を尊重し理解する姿勢が重要です。周囲の意見に耳を傾けることで、多くの情報や自分では思いつかないような発想を取り入れて、仕事を大きく前に進めることができるかもしれません。また、私たちを取り巻く環境は常に変化しています。状況の変化を受け入れて臨機応変な対応を取ることも大切です。

柔軟性のある行動とは

＜その時々の状況に応じて臨機応変に対応する＞

自分の意見に固執することや、何も考えずに過去の進め方をそのまま踏襲することは、リスクもあります。**仕事を取り巻く環境は常に変化**していますので、これまでと同じ方法が今回も良いとは限りません。**そのときの状況に応じて何を優先すべきか判断しながら行動**することが大切です。

＜相手の意見を素直に受け止める＞

人の意見を素直に聴く耳を持ち、よいと判断した部分は素直に取り入れましょう。周囲の人から間違いを指摘してもらえることやアドバイスをもらえることは、とても有り難いものです。柔軟性を持ち合わせず、人の意見に耳を傾けないでいると、そのうち誰もアドバイスをしてくれなくなります。間違いの指摘はチャンスと前向きに受け止めましょう。ただし、何も考えずに相手の話をすべて受け入れることと、柔軟に物事を考えられることは違います。**自分で考え、検討してから、よい部分を取り入れることが柔軟性**です。

＜初めてのことにもチャレンジする姿勢がある＞

職場では、**困難な仕事にもチャレンジする姿勢が重要視**されます。その仕事を指示した上司は、成長を促すためにあえて、少し難しい仕事を頼んだのかもしれません。

「やったことがないからできない」とか「難しそうだから自分には無理だ」などと**最初から諦めずに、どのようにしたらできるのかを考え、「頑張ってみます」と前向きに取り組む姿勢が大切**です。

クイズの解答

場面1　選択肢Ａ：1点　選択肢Ｂ：2点　選択肢Ｃ：3点

　選択肢Ａのように、自分の考えと合わないからといって逃げ出してしまっては、社会人失格です。選択肢Ｃのように、自分の意見が否定された理由を確認して納得できるようであれば、すぐに軌道修正するのが柔軟性のある行動といえます。納得できない場合には、自分の考えがきちんと伝わっていないかもしれませんので、また改めて自身の考えを説明してみましょう。選択肢Ｂのように、納得せずにそのまま受け入れてしまう行動は、柔軟性があるとはいえません。

場面2　選択肢Ａ：1点　選択肢Ｂ：2点　選択肢Ｃ：3点

　選択肢Ａは、直接説明しに行く前に、まずは指示どおり、修正に取り組みましょう。上司は多くの部下の報告書に目を通すなど、忙しいものです。まずは自分でできることをしてから、必要があれば直接説明します。選択肢Ｂのように、指示されたとおりすべてをそのまま修正することが、柔軟性のある行動ではありません。本当にすべてを直す必要があるのか再度自分の頭で考え、納得がいかない部分については選択肢Ｃのように、直接上司に意図を説明してみましょう。

まとめ　柔軟性を鍛える❺つのポイント！

❶ 状況に応じて発想を転換しよう！

❷ 物事を別の側面からも考えてみよう！

❸ 相手の意見を取り入れるときは鵜呑みにせずに、自分で考えて行動しよう！

❹ よいと思う方向への軌道修正はためらわない！

❺ 難しいことや初めて取り組む仕事にもチャレンジしよう！

第 4 節　情況把握力

あなたの情況把握力チェック
（事例クイズ）

場面1

　新人のXさんは、上司から、キャンペーンのチラシを支店周辺の住宅地に1,000枚配布するように指示を受けました。ダイレクトメールとして郵送する方が効率的なのではと感じましたが、Xさんはどのように対応しますか。

選択肢A：支店周辺の地域情報を確認しながら、直接配布しに行くことに意味があるのだろうと考えて、黙って上司の指示に従う。

選択肢B：直接配布するのは時間の無駄であると主張して、ダイレクトメールに切り替えるべき、と上司に意見を伝える。

選択肢C：直接配布が有効なのか、他に何か意図があるのか上司に確認する。そして、直接配布するのが難しそうな地域はダイレクトメールに切り替えることを提案してみる。

場面 2

　今月の営業目標があと少しで達成できそうな状況にあり、営業課全員で最後の追い込みをしています。そんな中、Xさんが担当する取引先より、Xさんのミスに対するクレームの連絡が入ってしまいました。上司も他の担当者の営業に同行して外出中です。Xさんはどのようにして、上司に報告したらよいでしょうか。

選択肢A：伝えづらいことほど早く連絡すべきと考えて、すぐに上司の携帯へ電話して状況を報告する。
選択肢B：クレームが発生していることをメールで送信した上で、携帯へ電話もしておく。電話が繋がった場合には、メールを確認するように伝える。
選択肢C：このままでは上司に怒られてしまうと考えて、上司が戻ってきて機嫌のよさそうなタイミングを見計らって報告する。

▶▶▶ 情況把握力とは何か

情況把握力とは、**自分と周囲の人々や物事との関係性を理解する力**のことです。「情況」は、「状況」とほぼ同義で使われますが、より内面的な状況を表すときに使う言葉です。客観的に見た自分の立場や周囲の状態を的確に捉える力のことを、情況把握力といいます。

▶▶▶ なぜ情況把握力が必要なのか

　仕事を行う環境は常に変化しています。その変化に対応するためには、同じような仕事を進める場合であっても、周囲の情況によって仕事の進め方や優先順位を変えることが必要です。
　置かれた環境に常に最適となるように対応していくことで、企業も人も成長し発展していくことができます。そして、最適となるように対応するためには、周囲や物事の関係を正確に理解することが前提となります。

▶▶▶ 情況把握力のある行動とは

＜自分に期待される役割や責任を理解している＞

　仕事をするときは**自分の役割を理解し、自分が仕事を完了できなかった場合の重大さを認識する必要**があります。指示された仕事が期限までに間に合わない場合には、それに気付いた段階で、上司や先輩に相談します。他の緊急の仕事が入ってしまった場合にも、仕事の優先順位を再度確認し、計画を見直しましょう。

＜周囲の情況に適した対応ができる＞

　職場では、チームや組織として仕事をしていきます。周囲の人間関係や忙しさなどに配慮して行動する必要があります。例えば、接客中の上司に相談を持ち掛けたり、これから外出しようと慌ただしく準備している先輩に後で報告してもよいことを切り出したりするのは、避けるべきです。今話しかけても迷惑にはならないか、この場所で話しても問題ないかなど、**タイミングや場所に配慮した行動**をしましょう。

＜優先すべきことを常に判断している＞

　仕事をするときは決められた手順どおりに対応するだけでなく、**周囲やその仕事全体の情況に応じて、機転を利かせた判断や対応が必要**になることが多くあります。自分の業務のことだけでなく、その仕事全体の情況に注意を払っておかないと、必要なときに必要な判断ができません。

　適切な判断をしていくために、日頃から社会経済の動向などの情報を集める習慣を身につけておきましょう。

クイズの解答

場面1　選択肢A：2点　選択肢B：1点　選択肢C：3点

　選択肢Aについては、上司の指示には何か意図があるのかもしれませんが、疑問に思うのであれば、批判にならないように聞いてみましょう。選択肢Bのように、これまでのキャンペーンに対する取り組み等を何も知らない新人のXさんが、上司の指示をいきなり無駄だと主張するのは論外です。選択肢Cのように、疑問点を確認した上で、それでも必要だと思えることがあれば、代替案を提案してみましょう。

場面2　選択肢A：2点　選択肢B：3点　選択肢C：1点

　選択肢Aのように、ネガティブな情報ほど早く連絡することは大切です。しかし、上司は営業に同行している状況にあり、外出中に連絡を取らなくてはならない場合には、選択肢Bのようにメールと電話での連絡を組み合わせて行うのがよいでしょう。選択肢Cのように、報告を遅らせてしまい、上司の機嫌を窺っているようでは社会人として失格です。自分自身の役割を把握して責任をしっかり果たしましょう。

まとめ　情況把握力を鍛える**5**つのポイント！

❶ 自分に求められている役割を常に考えよう！
❷ 他人が置かれている情況に配慮しよう！
❸ 優先順位を常に意識しよう！
❹ 組織の方針に従い、それに沿った行動をしよう！
❺ 様々な情報の収集に努めよう！

第5節 規律性

事例クイズ　あなたの規律性チェック

場面1

通勤時に利用している鉄道会社で人身事故が発生し、Xさんは始業時刻までに会社に到着することが難しそうな状況です。Xさんはどのような対応をするべきでしょうか。

選択肢A：同期入社の友人にメールで「電車が止まってしまって遅れそう」と伝えておく。
選択肢B：利用している交通機関で事故が発生していることは調べれば誰でもわかる情報であり、遅延証明書を持っていけば事故による遅刻であると認めてもらえるので、特に連絡はしない。
選択肢C：遅延状況や到着予定時刻について、会社に電話して伝える。電話が繋がらないときにはメールなど別の手段で連絡を試みる。

場面2

Xさんは、先輩からの指示でデータ入力の作業をしていたところ、課長から「急ぎの仕事」を依頼されてしまいました。Xさんはどのように対応したらよいでしょうか。

選択肢A：課長の方が立場は上なので、データ入力は後回しにして、すぐに課長から指示された仕事に取り掛かる。
選択肢B：課長の仕事にすぐに取り掛かる。先輩には、データ入力の作業が進まないことを課長から伝えておいてもらう。
選択肢C：先輩社員に課長からの「急ぎの仕事」について伝え、先輩の指示を確認する。

▶▶▶ 規律性とは何か

規律性とは、**社会のルールや人との約束を守る力**のことです。法律を守るだけでなく、会社の規則やグループ内のルールなど、様々な決めごとや人との約束を守ることが、規律性です。

▶▶▶ なぜ規律性が必要なのか

会社などあらゆる組織には必ずルールがあります。最低限のルールがないと、組織として成立せず、効率的な活動ができません。またトラブルが続発してしまうかもしれません。

ルールや約束を守ることで信頼関係が構築され、この信頼関係の存在が仕事を進めていく上で大前提となります。

▶▶▶ 規律性のある行動とは

<ルールやマナーを理解し実行できる>

仕事の効率化やトラブルの回避のために、ルールはあります。そして、**ルールは守るだけではなく、その意味を理解する必要があります**。チームや組織を運営する立場になったときには、ルールの意義や必要性まで説明できないと、組織を動かすことはできません。また、ルールの意味まで理解している人は、応用力が働き、ルール化されていない事例に対しても対応ができるようになります。

<約束を順守する>

当たり前のことではありますが、言ったことをそのとおりに実行する、約束した期限を守る、このような**人との約束を守ることが大切**です。この繰り返しにより**信頼関係が構築**されます。もし、その約束を守ることが難しい状況になったときには、速やかに相手に連絡し相談しましょう。

<同じ失敗を繰り返さない>

たとえ些細なことであっても、周りから一度注意されたことは、**二度と同じことをしないように改善する努力**をしましょう。迷惑を掛けることになってしまう場合には、謝罪と同時に適切な対処をしなくてはなりません。

クイズの解答

場面1　選択肢A：2点　選択肢B：1点　選択肢C：3点

　決められた始業時刻までに出社できないときには、いかなる理由であっても連絡することが必要です。交通機関の遅延が理由で遅れるときには、選択肢Cのように電話で遅延状況や到着予定時刻を伝えましょう。基本的には、会社に連絡して上司に報告することが必要です。連絡が取れない状況のときには、選択肢Aのように同僚に連絡して伝言してもらいましょう。

　選択肢Bのように、何も連絡しないのは社会人として失格です。安全上の理由で連絡できない場合（例えば、電車から下車できないなど）はやむを得ませんが、遅れることが明らかになった時点で、会社へ連絡します。遅れることで業務に影響があるのかも同時に考えて、対応を依頼するとよいでしょう。

場面2　選択肢A：2点　選択肢B：1点　選択肢C：3点

　選択肢Aのように、会社組織の序列を意識した行動は必要ですが、Xさんは先輩の指示の下で仕事をしており、上司からの指示であっても、それに従っているだけではいけません。少なくとも、課長から指示された「急ぎの仕事」を先に行うと先輩社員に伝えるべきです。選択肢Bのように、上司である課長を使ってはいけません。選択肢Cのように、自分自身で先輩に伝えて、指示を確認しましょう。こうしておけば、先輩社員もXさんに指示した仕事の状況を把握することができます。

まとめ　規律性を鍛える❺つのポイント！

❶ 一つひとつの約束にこだわり、言ったことは必ずやりきろう！

❷ 期限は必ず守る。間に合わないときは早めに報告をしよう！

❸ ルールやマナーの必要性と意味を理解しよう！

❹ 同じ失敗を繰り返さないように努力しよう！

❺ 自分勝手な解釈をしない。自分には厳しくしよう！

第6節 ストレスコントロール力

事例クイズ　あなたのストレスコントロール力チェック

場面1

　新人の指導役を任されているXさんは、決算期末で非常に忙しく働いています。しかし、Xさんの忙しさを知らない部長が、手間のかかる資料の作成を依頼してきました。提出期限までの時間的余裕もなく、すぐに取り掛からないと間に合わないような状況です。どのように対応したらよいでしょうか。

選択肢A：やれるところまでやってみようと考えて、途中まで取り組んでから、「やってみてわかりましたが、その期限には間に合いそうにありません。期限を延ばしてください」と部長に相談する。
選択肢B：現状の仕事の取り組み状況を伝える。迷惑を掛けてはいけないので、期限までに資料を作成することが難しいと伝えて、資料作成の依頼を断る。
選択肢C：期待に応えるために、無理をして徹夜をしてでも完成させる。

場面2

　社内の昇進試験の後、Xさんは部長から呼び出されて、「うちの部は試験の成績が悪くて、私は恥をかいた。もっと頑張ってもらわないと困る」と怒られてしまいました。試験勉強をする時間もないほど通常業務が忙しかったXさんは、どのように受け止めたらよいでしょうか。

選択肢A：通常業務に加えて試験勉強ももっと頑張らないといけないのかと考えて、途方に暮れる。
選択肢B：試験勉強の時間も確保できないほど忙しい状況だったのは部長も知っているはずで、「部長は自分の立場のことしか考えていないんだなぁ」と、あまり深く考えないようにする。
選択肢C：「次は頑張ろう。成績のよかった部署は何か対策を立てて取り組んでいるのだろうか」とすぐに気持ちを切り替える。

ストレスコントロール力とは何か

ストレスコントロール力とは、**ストレスの発生源に対応する力**のことです。仕事をしていて感じるストレスの原因を追究し、適切に対処する力のことをいいます。

なぜストレスコントロール力が必要なのか

社会人として仕事をしていると、仕事の成果や対人関係など様々な理由でストレスを感じることがあります。ストレスのない仕事はほとんどありません。ストレスは、その人の感じ方により大きく変わってきます。ストレスの受けとめ方、逃し方、切り替え方など、コントロールする手段を複数持っておくことで、ストレスによる影響を抑えながら仕事を進めていくことができるようになります。

ストレスコントロール力のある行動とは

<ストレスを自分の力に変えることができる>

仕事で、ストレスを感じるのは特別なことではありません。**ストレスを、働いていく上で、自分の成長につながる意味のあるもの**だと捉えましょう。仕事の結果に対するプレッシャーにストレスを感じている場合、**そのプレッシャーは周囲の人間のあなたに対する期待の裏返し**であり、**期待されていると考えると**、前向きな気持ちで仕事に取り組めるかもしれません。

<ストレスの原因が何かわかる>

現代社会には多くのストレスがあるといわれますが、その感じ方は人それぞれ大きく違います。まずは、**自分がストレスを感じる原因がどこにあるのか考え、対処方法を検討**しましょう。

ストレスの原因がわからないと、それを克服することもできません。原因を把握することで、ストレスと上手く付き合っていくことができるようになります。

＜ストレス解消法を確立している＞

　ストレスが溜まっていると感じたときに行う、**自分なりの解消法を見つけましょう**。「運動をして思いっきり汗を流す」「カラオケに行く」「美味しいものを食べにいく」など様々な方法があります。**自分に合ったリラックス方法やリフレッシュ方法**を見つけておくと、ストレスに上手く対処できるようになります。

クイズの解答

場面1　選択肢A：2点　選択肢B：3点　選択肢C：1点

　期限までにできないだろうと最初から感じているのであれば、選択肢Aのように途中で相談するのではなく、依頼を受けた時点でその旨、伝えましょう。部長も対策を考えることができるというものです。選択肢Bのように、Xさん自身の抱えている仕事の状況と依頼された仕事の内容を考えて、早めに判断をし、相談した方がXさん自身の精神的な負担も抑えられます。選択肢Cは非常に意欲的な行動ともいえますが、精神的ストレスは間違いなく強くなります。徹夜をしたからといって仕事が終わる保証もありません。無理をしても長続きしませんので、ストレスが大きくならないうちに早めに対処していきましょう。

場面2　選択肢A：1点　選択肢B：2点　選択肢C：3点

　試験勉強ができなかったことを反省する必要はありますが、選択肢Aのように、このくらいのことでショックを受けたり落ち込む必要はありません。選択肢Bのように、終わってしまったことに対して深く考えないようにするのも、ストレスをコントロールする方法のひとつです。選択肢Cのように、前向きな気持ちに切り替えることができれば、ストレスコントロール力のある行動といえます。

ストレスコントロール力を鍛える❺つのポイント❗

❶ ストレスは生きていく上で必要なものだと前向きに考えよう！

❷ 無理なことは無理だと言ってしまおう！

❸ ストレスは溜め込む前に発散してしまおう！

❹ 気分転換の手段を複数持っておこう！

❺ プライベートを充実させよう！

第5章チャート
〈チームで働く力(チームワーク)〉

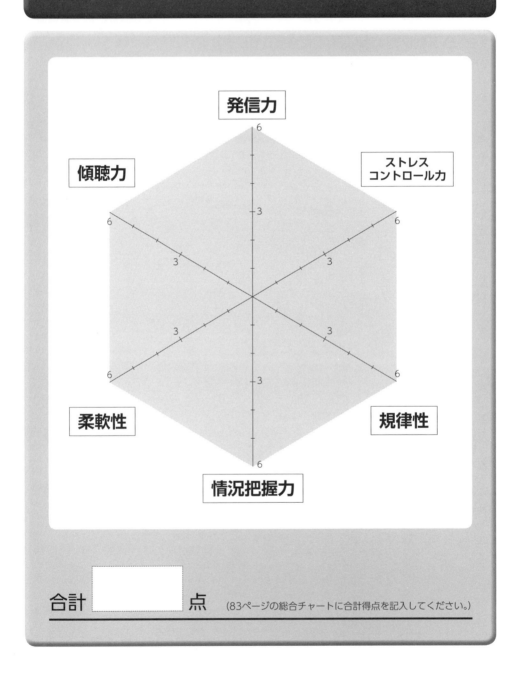

合計　　　点　（83ページの総合チャートに合計得点を記入してください。）

総合チャート
〈第3章〜第5章のまとめ〉

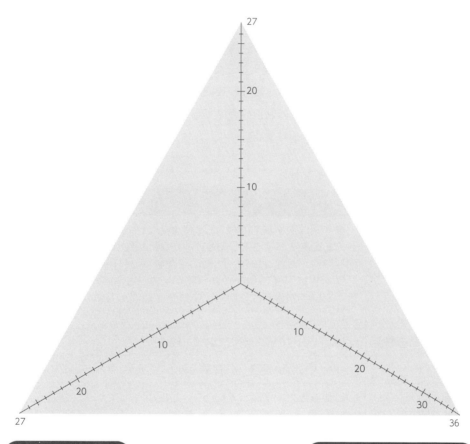

〈総合結果〉
- 前に踏み出す力　　　　　　　　□点 （27点満点）
- 考え抜く力　　　　　　　　　　□点 （27点満点）
- チームで働く力　　　　　　　　□点 （36点満点）

付録 ビジネスマナーの基本

1. 身だしなみ

　社会人の身だしなみとして重要なことは、職業や立場にふさわしい装いができているかどうかです。その人の仕事に対する姿勢も外見に表れます。

　おしゃれと身だしなみの違いもしっかり理解しておきましょう。"おしゃれ"は自分の好みの服装を自分の視点で選び装うことです。一方、"身だしなみ"は失礼のない服装を相手の視点で装うことです。会社の代表として様々な立場の方と良好な人間関係を築いていくためにも、自分の価値観だけでなく、周囲の人間がどのように感じるかも考えて身だしなみを整えましょう。

＜身だしなみのチェックポイント＞

男性	
●スーツスタイル	□サイズは適切なものか　□色や柄が派手すぎないか　□ポケットにものを入れすぎていない　□ボタンをきちんと留めているか　□シワや汚れがないか　□肩にフケやホコリがついていないか　□シャツにアイロンがかかっているか　□ネクタイはスーツに合っていて派手ではない　□ネクタイが緩んでいないか　□ネクタイが曲がっていないか　□パンツに折り目がついているか
●制服がある場合	□規定どおりの形で身につけているか
●髪	□社会人らしい髪型　□清潔である　□寝ぐせがついていない
●顔	□ヒゲはきれいに剃っているか　□口臭はしていないか
●手	□爪が伸びすぎていないか　□手や爪が汚れていないか
●足元	□靴が磨かれているか　□靴の色はスーツに合っているか　□靴下はビジネス向けか

女性	
●スーツスタイル	□仕事にふさわしいデザインか　□シワや汚れがないか　□襟が開きすぎていないか　□スカートの丈や長さは適切か
●制服がある場合	□規定どおりの形で身につけているか
●髪	□派手な色ではない　□長い髪はまとめる　□ヘアアクセサリーは派手ではない
●顔	□化粧は職場にふさわしいものか（ノーメイクはマナー違反、濃すぎない）　□香水の匂いがきつくないか

●アクセサリー	□つけすぎていないか　□邪魔にならず派手ではない
●手元	□爪が伸びすぎていないか　□マニキュアは自然な色で、剥げていないか
●足元	□靴が磨かれているか　□靴の色やデザイン・高さは適切か □ビジネスにふさわしい色や柄のストッキングを履いているか

2. 挨拶

挨拶はビジネスの基本で、相手とのコミュニケーションを円滑にする潤滑油です。社内の人だけでなく、警備員や清掃員など外部の協力者にも積極的に挨拶をしましょう。

挨拶は、"こちらから先に""笑顔で""明るく元気な声で"行うのが基本となります。

相手や場面ごとに適した挨拶を身につけることで、あなたに対する印象も良くなり、仕事もスムーズに進められるようになります。

＜基本的な挨拶表現＞

出社したときに	おはようございます。
日中人に会うときに	こんにちは。
取引先などに会うときに	お世話になっております。
外出するとき	行ってまいります。
外出から帰ってきたとき	ただいま戻りました。
外出から帰ってきた人に	お帰りなさい。
何か指示を受けたとき	かしこまりました。承知しました。
質問・報告するとき	お仕事中失礼いたします。
会議室や他部署に入るとき	失礼いたします。お邪魔いたします。
会議室や他部署から退室するとき	失礼いたしました。お邪魔いたしました。
退社するとき	お先に失礼いたします。
退社する人に対して	お疲れ様でした。 （部下・目下の人に）ご苦労様でした。

＜お辞儀の基本マナー＞

　挨拶の際は、言葉とともに頭を下げるのがマナーです。お辞儀には「会釈」「敬礼」「最敬礼」の3種類があります。それぞれ使い方が異なりますので、状況に適したお辞儀を使い分けましょう。

①会釈

　軽く前傾してお辞儀をします。角度は約15度程度で、1.5メートルくらい先に視線を置くと自然です。人とすれ違うときなど、一日に何度も顔を合わせるような同僚や先輩などへの挨拶に使います。

②敬礼

　一般にお辞儀と呼ばれるもので、約30度前傾してお辞儀をします。視線は50センチほど先を見ます。取引先への挨拶や何かを依頼をする際に使います。

③最敬礼

　最も深く頭を下げるお辞儀です。上体を45度くらい傾け、通常よりゆっくりめに起き上がります。一般には謝罪の際やよほど感謝する場合に使われます。

　お辞儀をする際は、まず相手に視線を向けて挨拶の言葉を述べます。言葉を言い終えたあとで、お辞儀をします。上体を起こした際に再度相手に目を向けるのが正しいお辞儀の仕方となります。挨拶の言葉を述べながら頭を下げる人もいますが、これは正しくありませんので、注意しましょう。

3. 言葉遣い

ビジネス社会では、お客様や上司、同僚など様々な立場の人と関わり合います。相手を尊重し敬意を払いながら人間関係を構築していくために、敬語など正しい言葉遣いを身につけましょう。

＜組織・役職の呼び方＞

相手の役職	「××部長」と名前に役職名を付けるか、「部長の××様」と役職名の後に名前を付けます。「××部長様」というのは二重敬語となり、ふさわしくありません。
社内の上司	外部の人と話をするときは、たとえ社長であっても呼び捨てにします。役職名を言う必要があるときは、「社長の××」のように、名前の前に役職名を伝えます。
相手の会社	「御社」「貴社」
自分の会社	「弊社」「当社」

＜敬語＞

● **尊敬語**

相手の動作に対して敬意を表す。

● **謙譲語**

自分の動作に対して、へりくだることで相手への敬意を表す。

● **丁寧語**

表現を丁寧にすることで相手に敬意を表す。

原型	尊敬語	謙譲語	丁寧語
する	なさる	いたす	します
いる	いらっしゃる	おる	います
来る	いらっしゃる お越しになる	参る 伺う	来ます

行く	いらっしゃる	参る 伺う	行きます
言う	おっしゃる	申す	言います
聞く	お聞きになる	伺う 承る	聞きます
見る	ご覧になる	拝見する	見ます
書く	お書きになる	お書きする	書きます
食べる・飲む	召し上がる	いただく 頂戴する	食べます 飲みます
もらう	ー	いただく 頂戴する	もらいます
与える	くださる	差し上げる	あげます
着る	召す お召しになる	ー	着ます
持つ	お持ちになる	お持ちする	持ちます
わかる	ー	承知する かしこまる	わかります

＜ビジネスシーンでよく使う慣用表現＞

仕事では、次のような慣用表現をよく使います。これらの言葉も早く使いこなせるようになりましょう。

「いつもお世話になっております」	対面、電話、メールでも冒頭の挨拶の際に日常の感謝の気持ちを込めて伝えることが多い。
「かしこまりました」 「承知しました」	お客様や上司、先輩からの指示や依頼に対しては「了解しました」という言葉ではなく、「かしこまりました／承知しました」を使うことが多い。
「恐縮です」	厚意を受けた場合に感謝する気持ちや、相手に面倒を掛けてすまないと思う気持ちを表現する。
「ご足労いただく」	お客様などに来社して頂いた際に使う。
「わかりかねます」	「わからない」ことを丁寧にやんわりと伝える表現。

＜クッション言葉＞

　何かお願いをするときや、お断りをしなければならないとき、ストレートに用件を伝えるよりも、「クッション言葉」と呼ばれる前置きをすると丁寧な印象やソフトな印象を与えます。

●何か質問をするとき	「失礼ですが」
●何か依頼をするとき	「恐れ入りますが」「お手数をお掛けしますが」「ご面倒をおかけしますが」「差し支えなければ」
●何かを断るとき、相手に不利益となることを伝えるとき	「申し訳ございませんが」「あいにくですが」

＜「御中」と「様」の使い分け＞

　「御中」とは、郵送物で宛先の会社や部署名の後に付ける敬称で、「××株式会社御中」などという形で使われます。しかし、会社名や部署名の後に個人名がある場合には「御中」は使用しません。その場合は個人名の後に「様」だけを付けます。

　「御中」は会社など組織の中の誰かわからない人宛に送付する場合に使われるものですから、「××株式会社御中　○○○○様」という表記はふさわしくありません。

4. 電話

　相手の顔を見て話をするときと異なり、電話応対では表情や態度が相手に伝わりません。その分、普段以上に気を遣って応対をする必要があります。

　そして、相手は電話を受けた人のイメージを会社全体のイメージとして受け取る可能性があります。声の調子や話し方などに気を配り、明るく親切な対応を心掛けるだけで、会社の良いイメージ作りにもつながります。

　"明るい声で" "ゆっくりと" "適度な声量で" "姿勢良く"、が電話応対の基本です。

「明るい声」	どんな相手に対しても、常にハキハキと明るく応対しましょう。いつもより明るいトーンを心がけます。あなたの印象が会社の印象になると意識しましょう。
「ゆっくり」	電話では特に気をつけてゆっくり話をします。 早口は聞き間違いの原因にもなりますし、落ち着きのない印象を与えてしまいがちです。
「適度な声量」	ボソボソと小さな声では伝わりませんが、大きすぎるのも周りの人の迷惑になります。ハキハキとゆっくり話すように心がければ、そんなに大きな声を出さなくても伝わります。
「姿勢良く」	態度の見えない電話の相手にも電話中の姿勢は声の調子として伝わってしまいます。誠実に電話の相手と向き合いましょう。

　新人や新入社員は、会社に電話がかかってきた場合に誰よりも先に電話を取る習慣を身につけましょう。仕事の内容をまだ理解していないことを理由に、「電話は取りたくない」とか「電話を取っても迷惑をかけてしまうだろう」と考えるかもしれません。しかし、新人にできる仕事といえばこのくらいしかありませんので、積極的に電話に出るようにします。電話応対は会社やその部署がどういった業務をしているか知ることにも繋がりますので、勉強と思って前向きに対応しましょう。

＜電話の受け方＞
①コールは3回以内
呼び出し音が鳴り始めてから、遅くとも3回以内に受話器を取ります。

3回以上鳴ってから出る場合には、「お待たせいたしました」と一言添えるようにしましょう。
②社名を名乗る
「はい、○○社でございます」「お電話ありがとうございます、○○社でございます」など、こちらから名乗ります。部署名や自分の名前を一緒に告げてもよいでしょう。

同時に、メモとペンを用意して、用件を聞く準備をします。
③相手の名前を確認する
相手が名乗ったらすぐにメモをするようにします。そして「○○様でございますね、いつもお世話になっております」などと伝えます。自分は知らない人でも、会社として「お世話になりありがとうございます」という意図を伝えましょう。

こちらが名乗っても相手が名乗らなかった場合には、「恐れ入りますが、どちら様でいらっしゃいますか」と確認します。
④用件を確認し取り次ぐ
用件を伺い、どの部署の誰につなげばいいのか確認します。「ただいま代わります。少々お待ちいただけますか」と伝えて保留にします。

＜電話のかけ方＞
①相手先の確認
電話先が正しいことを確認します。
②名乗ってから取り次いでもらう
必ず自分から社名と氏名を名乗ります。「○○社の××と申します。お世話になっております」と、名乗った際にプラス一言添えると良いでしょう。
③相手の都合を確認
「お忙しいところ失礼します。少々お時間よろしいでしょうか」と相手の都合に配慮します。
④用件を的確に
用件はできるだけ短く、わかりやすく伝えることが大切です。まず電話をする前に内容を整理しておきましょう。そもそも、その用件が本当に電話で済ませてよい内容なのかという判断も必要です。

<伝言メモの残し方>
　相手方から電話を受け、担当者が不在の場合には、伝言メモを担当者に残す必要があります。必ず以下の項目を網羅させて、正確に担当者へ伝えましょう。
- 電話を受けた日時
- 誰に伝言をすればよいのか（担当者）
- 相手の会社名、所属部署、名前、電話番号
- 用件の概略
- 処理の方法（こちらから折り返しの連絡をするのか、再度かけ直してもらえるのか）
- 受電者の名前

5. メール

　ビジネスにおける連絡には電子メールが活用されるようになりました。
　非常に便利な連絡手段であり、仕事を進めていく上で欠くことのできないものでありますが、その手軽さゆえの問題点も抱えています。以下のような注意点を頭に入れた上で電子メールを利用するようにしましょう。

<メリット・デメリット>

メリット	デメリット
●文章として確実に即座に伝えられる ●電話のように時間を気にする必要がない ●同時に複数の人にメッセージを送ることができる ●画像やプレゼン資料などもデータとして送ることができる	●顔が見えないため無機質になりやすい ●正確に伝わったかどうか確かめられない ●PCの設定状況やメールサーバーによっては確実に届かないこともある

<宛先・CC・BCCの使い分け>
- **宛先**：メッセージを伝えたい相手。
- **CC（カーボンコピー）**：メール内容のコピーを送る相手。
　例えば、同僚との仕事のやり取りのメールのCC欄に上司を入れることで、進捗状況を伝えることもできます。マナーとして宛先の相手とCC先の相手は知った仲である必要があります。CCのアドレスは宛先のアドレスの人にも知られてしまうためです。
　CCの対象者は、宛先のアドレスとCCに入っている他のアドレスをすべて知る

ことができます。

- BCC（ブラインドカーボンコピー）：CC と同様にメール内容のコピーを送る相手のうち、宛先の対象者にメールアドレスを知らせたくない相手にも送るときに使います。また、不特定多数の相手に同じメールを送るときには、宛先を自分にして、BCC に相手のアドレスを入れて送信すれば、相手同士はアドレスを知ることができませんので、一斉送信にも使えます。

　BCC の対象者は、宛先と CC のアドレスを知ることができます。

＜気をつけたいマナー違反＞
- やたらに長い

　メールは基本的に伝えたいことを端的に伝えるものです。やたらと長い文章の電子メールは相手にとって負担となってしまいます。

- 重い添付ファイルを送る

　添付ファイルは必要なデータを送ることができて非常に便利ですが、容量の大きすぎる添付ファイルを送るのは相手先のネットワークに負担を掛けてしまうことから基本的にマナー違反です。容量の大きなものを送る場合には事前確認を取りましょう。

- HTML メール

　HTML とは Outlook などのメールソフトについている機能で、文字に色を付けたり、メール内に画像を貼り付けたりできます。しかし、ビジネスメールでは、HTML メールは使わないのが原則です。環境が不明な、不特定多数の方とやりとりをする場合には、テキスト形式にしましょう。

＜電話・メール等利用時の注意事項＞

　仕事中の私用電話やメールは原則として禁止です。私用の電話・メールなどプライベートな行為は休憩時間などの勤務時間外に済ませることが必要です。会社や業務内容によっては、私用携帯電話の持ち込みを禁止するところもあります。一方で、仕事の連絡も私用の携帯電話を利用せざるをえないケースもあります。職場によって携帯電話に関する運用ルールは様々です。職場のルールに従い、緊急で私用の連絡を取らないといけない場合には、周囲の人に一言断ってから席を外すなど最低限の利用にとどめましょう。

　また、当然ですが、会社の電話やメールアドレスについてもプライベートな内容で

の利用はできません。会社側も従業員のメール送受信内容をすべてチェックすることができます。インターネットサイトの閲覧についても同様です。会社の設備を使っての私的な利用は認められません。会社としても従業員がどのようなサイトを閲覧しているのかチェック可能です。節度をもった利用にとどめましょう。

フェイスブックやツイッターなどのSNSの利用にも注意が必要です。業務中の利用はもちろん認められません。そして、業務に関する情報や業務を通じて知り得た情報（写真なども含む）をたとえ家族や友人であっても漏らしてはいけません。「××社を訪問しました！」といった本人にとっては何気ない情報も企業秘密になります。

6. 名刺交換

ビジネスは挨拶と名刺交換から始まります。名刺交換は大事な一歩であり、その時の印象が後々のビジネスにも大きく影響を与えますので、きちんと行いましょう。

自分の名刺は名刺入れに入れて携帯します。名刺入れを使わずに、定期入れや手帳に名刺をはさんでいると、よれよれになってしまうこともあります。角が折れ曲がっていたり、汚れている名刺は相手に失礼です。常にきれいな名刺をさっと出せるように準備しておきましょう。

＜名刺の渡し方＞

自分が応接室などで座っているところに、相手が入ってきた場合には、立ち上がって迎えます。テーブルなどの障害物がある状況であれば、回り込んで正対しましょう。名刺を渡すときは、訪問した側から、または目下の者から名刺を差し出します。営業活動であれば、必ず自分から先に差し出しましょう。

自分の名刺を両手で胸の高さに持ち、相手の胸の高さに差し出します。名刺を渡す際には、軽くお辞儀をしながら「私は〇〇会社の××と申します。よろしくお願いします」と挨拶します。

＜名刺の受け取り方＞

相手が名刺を差し出したら、軽く会釈をして「頂戴します」と言いながら、大切に受け取ります。受け取ったら、その場で社名や肩書き、名前などに目を通します。難しい名前や複数の読み方がある名前の場合には読み方を確認しましょう。後になって名前を読み間違えるのは大変失礼ですから、名刺交換の際にしっかり確認しましょう。

受け取った名刺は、会議中などはテーブルの上に置き、なるべく早くお名前を覚え

ましょう。相手が1人だけなら、名刺入れを名刺受け代わりにして、その上に載せておきます。複数人と名刺交換した場合は、着席順に並べておくと良いでしょう。その際に大切なことは丁寧に扱うことです。

商談が長引いた場合には、タイミングを見計らって名刺入れの中にしまいます。タイミングがわからないようであれば、相手に合わせると良いでしょう。

<接客対応>
● **席順**

日本の伝統的な礼儀のひとつに「上座（かみざ）・下座（しもざ）」という席順があります。お客様や上司が座る席を上座、幹事や新入社員が座る席を下座と呼びます。

● **応接室**

応接室における席次は、座席数や窓の配置などによって多少異なりますが、原則として出入口から最も遠い席が上座となり、出入口から近い席が下座となります。

入口から近い席であっても、景色が美しく見える席を案内すべきときもありますし、スクリーンを使用する際には映像が見やすい席にお客様を案内するのが適切です。基本を押さえながら、お客様への心遣いを忘れずに臨機応変に対応しましょう。

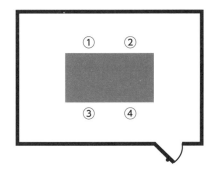

● **会議室**

会議室における席次は原則として、議長席が中心となります。議長席に近い方がより上座となり、次に部屋の入口から遠い方がより上座となります。

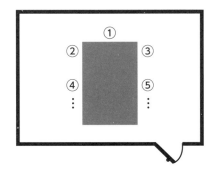

─── **著者プロフィール** ───

高橋忠寛（たかはし・ただひろ）
上智大学経済学部卒業。東京三菱銀行（現三菱東京UFJ銀行）、シティバンク銀行勤務を経て独立。株式会社リンクマネーコンサルティング代表取締役。お金に関するコンサルティングや金融教育ビジネスを展開。金融機関での研修やセミナー、確定拠出型年金導入企業での従業員向けセミナー、ファイナンシャルプランナー向け勉強会等の研修講師として活動中。

─── **監修者プロフィール** ───

株式会社プラチナ・コンシェルジュ
マネーとキャリアに関するコンサルティング会社。ファイナンシャルプランナー、キャリアカウンセラー、コミュニケーショントレーナーなどが所属し、主に金融機関向けのコンサルティングや研修、ＣＳ調査等を行っている。女性活躍推進に注力した研修メニューも充実させている。

コーポレートサイト：http://pt-con.jp/
女性活躍推進応援サイト：http://www.k-josei.jp/

わかる！できる！「社会人基礎力」講座

2015年 2 月12日　初版第 1 刷発行
2021年 4 月14日　初版第 3 刷発行

著　者　高　橋　忠　寛
監修者　㈱プラチナ・コンシェルジュ
発行者　中　野　進　介

発行所　株式
　　　　会社　ビジネス教育出版社

〒102-0074　東京都千代田区九段南4-7-13
TEL 03(3221)5361(代表)／FAX 03(3222)7878
E-mail▶info@bks.co.jp　URL▶https://www.bks.co.jp

印刷・製本／シナノ印刷㈱　装丁・DTP／エルグ　イラスト／稲見独楽
落丁・乱丁はお取り替えします。

ISBN978-4-8283-0542-4

本書のコピー、スキャン、デジタル化等の無断複写は、著作権法上での例外を除き禁じられています。購入者以外の第三者による本書のいかなる電子複製も一切認められておりません。